Être un pro de l'e-mail

Groupe Eyrolles
61, bd Saint-Germain
75240 Paris Cedex 05
www.editions-eyrolles.com

Dans la même collection :

Mireille Brahic, *Mieux rédiger ses écrits professionnels*

Michelle Fayet, *Réussir ses comptes rendus*

Pascaline et Fabien Malassingne, *Rédiger une note de synthèse*

Sylvie Azoulay-Bismuth

Être un pro de l'e-mail

7 étapes pour rédiger des e-mails efficaces

EYROLLES

Sommaire

Étape 3

INVITEZ À LA LECTURE DÈS LES PREMIERS MOTS

Étape 4

SOIGNEZ VOTRE STYLE POUR GARDER L'ATTENTION DE VOTRE LECTEUR

Étape 5

Étape 6

Juste un petit mot…

L'e-mail s'est invité dans nos vies dans les années 2000 et nous a amenés à changer nos pratiques professionnelles. L'information s'échange en temps réel, rapidement et de façon efficace. Si nous sommes heureux d'avoir cet outil formidable, encore faut-il en maîtriser les codes.

À son apparition, nombreux sont ceux qui ont écrit comme ils parlaient et l'ont souvent regretté. L'e-mail est avant tout un écrit et doit être traité comme tel, malgré sa forme beaucoup moins formelle qu'un courrier.

Et puis, avant de commencer, je voudrais répondre à une question qui vous brûle les lèvres : comment dit-on exactement, e-mail ou courriel ? Eh bien, les deux peuvent se dire ! Les linguistes, attachés à notre bon français, préféreront le néologisme – mot inventé pour les besoins de la cause – « courriel » qui est la contraction de « courrier » et « électronique ». Alors qu'« e-mail » est un anglicisme, cela dit, tout à fait intégré au langage et bien plus utilisé que son synonyme français. Faites votre choix, donc, tout est correct.

Je suis formatrice en écrits professionnels, et bien sûr, en rédaction d'e-mails ! Je rencontre des personnes à la recherche d'astuces, qui se demandent si elles font bien ou pas, qui méconnaissent les effets de leurs e-mails sur leurs interlocuteurs ou encore se plaignent de ne jamais obtenir la réponse attendue.

Je me suis dit que je devais diffuser plus largement mes conseils en rédaction d'e-mails, c'est ainsi que cet ouvrage est né ! Je l'ai voulu dynamique et humoristique, sur le même ton que j'emploie pour animer mes formations. Vos questions ont été reprises dans cet ouvrage qui se veut être un outil de travail à lire, relire, prêter, offrir… Tout ce qui vous plaira d'en faire, à condition qu'il en reste toujours un exemplaire en votre possession !

J'espère qu'il vous aidera à rénover toutes ces vieilles formules usées, à prendre conscience qu'elles sont tellement utilisées que plus personne n'y prête attention, à gagner du temps dans la rédaction, à vous rassurer sur vos bonnes pratiques et à vous démarquer par un style dynamique et novateur, loin du modèle administratif, ampoulé et inadapté à ce genre d'écrit.

Bienvenue dans le XXIᵉ siècle, vous allez être à la page dès que vous commencerez à tourner celle-ci !

Bonne lecture à vous.

Mention spéciale

Dans cet ouvrage, je vais citer certains de mes candidats pour leur rendre hommage parce qu'ils ont contribué, à leur manière, à l'écriture de ce livre. Certains m'ont beaucoup marquée et chacun a laissé et continuera de laisser son empreinte dans ma pratique de la formation. Évidemment, je ne citerai que leur prénom et tairai leur nom de famille et le nom de l'entreprise où ils travaillent. Ainsi, ils seront les seuls à pouvoir se reconnaître.

Bon à savoir

Quelques statistiques

Selon une étude récente, nous passons en moyenne cent sept minutes par jour à lire nos e-mails, soit près de deux heures sur une journée de travail censée en comporter sept…

L'abondance de messages a une conséquence néfaste sur les salariés : 43 % des salariés français sont interrompus au moins toutes les dix minutes et 31 % avouent être distraits dans leur travail[1].

Dans le monde, en 2016, 2,7 milliards d'êtres humains utilisent l'e-mail ; en 2020, nous passerons à 3 milliards, soit près de 50 % de la population mondiale[2]. En 2016, 215 milliards d'e-mails ont été envoyés par jour (hors spam) ; en 2020, nous passerons à 258 milliards.

Dans une entreprise, chaque jour, un collaborateur reçoit en moyenne 88 e-mails et en envoie 34[3] ; les cadres passent plus de cinq heures en moyenne à consulter leur messagerie (5,6 heures en France, 5,4 heures en Europe et 6,3 heures aux États-Unis)[4].

---

1. Créfac.
2. Radicati Group (mars 2016).
3. Radicati Group (mars 2015).
4. Étude Adobe (août 2015).

Étape 1

IDENTIFIEZ LES RÈGLES ET LES CODES DE L'E-MAIL

Il existe des règles de « savoir-écrire » propres à l'e-mail. Souvenez-vous de ses particularités :

- un écrit court ;
- qui s'envoie rapidement et à plusieurs interlocuteurs en même temps ;
- gratuitement (la majeure partie du temps, du moins) ;
- qui se lit sur écran ;
- noyé parmi tant d'autres ;
- et qui se transfère de façon imprévisible.

Je vais même appeler cela « des codes » : par bonheur, nous commençons à maîtriser ces codes. Je vous donne donc ci-après le mode d'emploi et les effets produits sur vos interlocuteurs.

Envoyez, répondez, transférez, joignez, mettez en copie... à bon escient

Vous connaissez bien toutes ces fonctions ; je vais revenir sur chacune d'entre elles pour vous donner quelques astuces et, surtout, quelques impairs à éviter.

Les listes de destinataires

Dans vos différents logiciels « clients de messagerie » (Outlook, Lotus Notes, Mozilla…), vous avez la possibilité de créer des listes de destinataires usuels, bien pratiques pour l'envoi rapide d'informations à un groupe.

Restez cependant vigilants et n'inondez pas les « boîtes aux e-lettres » par paresse de tri. Vous perdriez en crédibilité pour le jour où vous aurez une vraie bonne information à délivrer.

« Répondre à tous »

Jean, chef des ventes, a envoyé un e-mail aux trente commerciaux de son équipe pour poser une question toute simple, sans savoir que la réponse viendrait inonder toutes les boîtes aux lettres. Eh oui, chacun des trente commerciaux a utilisé la fonction « répondre à tous » et chacun a pu profiter des trente réponses données à Jean ! Cela arrive chaque jour, plusieurs fois par jour, chez des gens très bien sous tous rapports !

Alors, utilisez cette fonction si la réponse intéresse vraiment tout le monde et avec un nombre d'interlocuteurs restreint. Sinon, croyez-moi, évitez ! C'est tellement pénible de recevoir autant de commentaires alors que l'on reçoit déjà quotidiennement un nombre incalculable d'e-mails.

« Répondre à »

Il est bon de ne pas « collectionner » les e-mails de réponses. Après deux ou trois échanges, il est conseillé de « créer » un nouvel e-mail. D'autant que le sujet aura évolué entre-temps.

Justement, concernant l'**objet**, même règle : l'objet d'origine peut servir à deux ou trois échanges, mais attention ! si l'on répond en abordant un sujet tout à fait différent, il faudra alors rédiger un nouvel objet.

Vous pouvez aussi choisir de répondre de façon plus sophistiquée par la méthode de « l'entrelardage » qui consiste à intégrer vos réponses ou commentaires au texte original. Je vous conseille de le faire dans une typographie différente (police, gras, couleur). Prenez la peine de préciser la marche à suivre en haut du message : « Mes réponses sont en bleu, face à vos questions. » Rapide et efficace, cette méthode pourrait être perçue comme un peu cavalière par certains interlocuteurs. Alors, soyez sélectifs !

Attention, certains logiciels ne permettent pas d'intervenir sur le message avec la fonction « répondre à ». Vous pouvez alors utiliser la fonction « transférer à ».

« Transférer à »

Il est désormais réputé très cavalier de transférer un message avec pour seule note d'accompagnement « pour info » ou pire, « PI ». La règle est de récapituler l'information principale de façon concise ; votre lecteur ne se servira du message transféré que s'il a besoin de plus amples informations. D'autre part, je vous invite à vérifier le contenu de l'historique que vous transférez, voire à supprimer ce qui est inutile. De nombreuses situations très cocasses ont été lourdes de conséquences pour certaines entreprises.

« CC » (copie carbone)

Je vous conseille de réserver cette zone aux destinataires **à informer** pour éviter tout malentendu. Il est convenu, en effet, dans les codes d'interprétation, que ces destinataires n'ont aucune action à mener en lien avec l'e-mail.

Étape 1 · Étape 2 · Étape 3 · Étape 4 · Étape 5 · Étape 6 · Étape 7

Cela dit, je vous conseille de préciser, dans le corps de votre e-mail, la raison pour laquelle la personne est en copie.

Bon à savoir

Quelques formules utiles

« Je réserve copie de ce message à Alain pour suivi du dossier. »

« Je mets Corinne en copie pour information. »

« J'adresse copie de cet e-mail à Benjamin, à sa demande, pour suivi du dossier. »

« Je vous invite à contacter Nathalie qui me lit en copie. »

« CCI » (copie carbone invisible)

Cette fonction est très délicate à manier. Je vous conseille de la réserver à un envoi multiple dont les destinataires n'ont pas à connaître l'ensemble des adresses électroniques. Prenons le cas d'un fournisseur qui enverrait une offre à tous ses clients ; si un concurrent s'emparait de l'e-mail, il aurait « gratuitement » tout son fichier !

Évitez de l'utiliser pour faire un envoi secret : préférez transférer l'e-mail une fois envoyé avec un message d'explication à votre interlocuteur.

« Pièces jointes »

Suivant les outils de messagerie, les pièces jointes ne sont pas toujours bien visibles. Aussi, je vous conseille de les mentionner dans le corps de l'e-mail : « Le tableau de bord de juin (ci-joint) » ; « Je vous remets ci-joint… ».

D'autre part, je rappelle que l'e-mail doit rester un écrit court. En aucun cas il ne doit comporter un compte rendu ou prendre la forme d'un courrier. Mettez de préférence les documents formels et plus longs ou lourds en pièces jointes. Utilisez le plus souvent possible les liens hypertextes, ce qui allégera votre message et contribuera à préserver la planète. Pensez également à l'outil WeTransfer[1] lorsque vous devez envoyer des fichiers lourds.

Bon à savoir

Quelques formules utiles

Pour remplacer « Veuillez trouver ci-joint », que l'on lit trop souvent, je vous propose les mentions suivantes :

- « Voici les informations attendues » ;
- « Nous vous invitons à découvrir ci-joint » ;
- « Vous découvrirez ci-joint notre nouveau…

En résumé

Si vous écrivez un e-mail comme vous parlez, et même si vous parlez très bien, vous avez toutes les chances d'être mal compris ou pas compris du tout.

Veillez à respecter les codes propres à l'e-mail comme vous faites preuve de savoir-vivre dans vos relations avec les autres.

Chouchoutez l'objet

L'objet est le « sésame » qui fera ouvrir votre e-mail, alors, chouchoutez-le !

---

1. WeTransfer est un outil gratuit d'envoi de fichiers volumineux (2 Go à une vingtaine de personnes).

Déjà, le fait d'envoyer un e-mail avec un objet informatif est une politesse pour votre interlocuteur. Et puis, il vous donnera toutes les chances d'attirer son attention.

Comment rédiger un objet informatif ?

Faites la distinction entre un objet plein et un objet creux, tout comme un titre d'article de journal, celui qui fait que vous allez lire la suite ou pas.

Un titre ou objet plein contient des mots-clés, fournisseurs d'informations sur le contenu de votre e-mail :

> **EXEMPLES**
>
> Exemple d'objets creux : « Réunion » ; « Devis » ; « Demande ».
>
> Exemple d'objets pleins : « Réunion du 12/10 : ordre du jour » ; « Vos fenêtres : devis gratuit » ; « Formation orthographe : demande d'information ».

Vous n'avez que très peu d'espace pour vous exprimer – quatre à six mots visibles sur les smartphones, par exemple – donc, faites le tri et commencez par les mots importants :

- l'information principale : « réunion » – « formation » – « devis » – « commande » ;
- une date : « 12/10 : réunion de direction » ;
- un numéro de client : « dossier 46254 : réclamation » ;
- le nom de votre interlocuteur : « M. Martin – RV du 15/07 ».

Interpellez votre interlocuteur :

- « Votre commande n° 1214 du 12/11 » ;
- « Notre rendez-vous du 15/11 » ;
- « Votre facture en ligne sur… ».

Quels procédés bannir ?

Procédés à bannir	Conseils à retenir
Je n'écris rien dans la zone « objet ».	Je veille à compléter la zone « objet », clé d'ouverture de mon e-mail et outil précieux d'aide à la recherche.
Je choisis des mots génériques tels que « info », « demande »…	Je choisis des mots-clés en rapport avec le sujet principal de mon e-mail. Je peux même rédiger mon objet après avoir rédigé mon e-mail pour trouver plus facilement les mots-clés pertinents.
Je choisis des procédés intrusifs pour faire ouvrir mon e-mail tels que « important », « dernière relance » ou encore « votre proposition » ou « votre commande » alors qu'il s'agit d'une offre de service !	Je choisis des termes pouvant intéresser mon interlocuteur, en rapport avec sa fonction ou le sujet du moment (numéro de commande, référence client).
J'écris mon objet tout en majuscules.	J'écris mon objet en minuscules pour éviter l'effet agressif des majuscules.
J'écris « urgent » quand j'ai besoin d'une réponse immédiate.	Je téléphone à mon interlocuteur quand j'ai besoin d'une réponse immédiate ou, dans un e-mail, je précise une échéance de réponse.
Lors de plusieurs échanges d'e-mails, je ne change pas d'objet.	J'adapte mon objet au sujet traité lors de plusieurs échanges d'e-mails, pour le confort de mon lecteur et pour retrouver plus facilement l'information en cas de recherche.
Pour éviter de rechercher l'adresse de mon interlocuteur, je peux répondre à l'un de ses anciens e-mails sans changer l'objet d'origine.	Je veille à changer l'objet en cas de réponse faite à partir d'un e-mail ancien.
J'écris le contenu de mon e-mail dans la zone objet quand j'ai un message court.	Je n'écris jamais le contenu de mon e-mail dans la zone objet, même si le message est court.
J'apostrophe mon lecteur pour lui donner envie d'ouvrir l'e-mail : « votre avis nous intéresse ! », « dernière chance pour vous inscrire ! ».	J'évite d'apostropher mon lecteur, je préfère lui donner un argument convaincant et informatif, tel que : «un parcours CPF pour vos salariés » (quand on sait que tous les DRH sont intéressés par le sujet).

Étape 1 Étape 2 Étape 3 Étape 4 Étape 5 Étape 6 Étape 7

En résumé

L'objet est la clé d'ouverture de votre e-mail. Vous devez vous servir des mots-clés de votre e-mail pour rédiger un objet informatif. Il doit être concis mais précis.

Vous devez éviter les procédés trompeurs.

Choisissez une police confortable

En 1450, Johannes Gutenberg invente le caractère d'imprimerie, lettre métallique mobile réutilisable ; il choisit d'imprimer la Bible pour sa première expérience, tout en se rapprochant le plus possible de l'écriture manuscrite. Lorsque les ordinateurs sont apparus, bien plus tard donc, en dignes successeurs de Gutenberg, les concepteurs de polices de caractères ont eu le même raisonnement et ont tenté d'imiter les caractères d'imprimerie en reproduisant les traces laissées par les éléments métalliques. L'œil du lecteur s'y étant tellement bien accoutumé.

Ces traces sont appelées « empattements » ou « serif » en anglais. Ce sont les petites extensions qui forment la terminaison des caractères dans certaines polices. Observez les exemples ci-dessous :

Times New Roman, Garamond, Georgia

Alors que les polices dites « sans serif » ou encore « bâton » ou « linéales » sont dépourvues de ces petites traces. Observez les exemples ci-dessous :

Arial, Verdana, Century Gothic, Tahoma

Il est désormais reconnu que la lecture sur écran est beaucoup plus pénible avec une police à empattements. Je vous suggère donc d'opter pour une police dite « bâton » ou linéale pour rendre la lecture de vos e-mails plus confortable… Et vous donner une chance supplémentaire d'être lu jusqu'au bout !

Bon à savoir

Évitez la fantaisie à tout prix, cela pourrait vous discréditer ou détourner l'attention de votre lecteur ou encore arriver chez votre lecteur sous une tout autre forme. Souvenez-vous en effet que les ordinateurs n'offrent pas tous les mêmes possibilités de polices.

EXEMPLE

Vous êtes convoqués à la réunion du 12 mars (Kristen) : Ça ne fait pas très sérieux !

Vous êtes convoqués à la réunion du 12 mars (Ravie) : là non plus !

Vous êtes convoqués à la réunion du 12 mars (Lucida Handwriting) : un peu trop scolaire, n'est-ce pas ?

Et je ne les cite pas toutes !

En résumé

Souciez-vous du confort de votre interlocuteur tout autant que des possibilités qu'offre son ordinateur quand vous rédigez un e-mail.

La simplicité sera bénéfique à votre crédibilité. Tout est dans le fond et non dans la forme !

Étape 1 Étape 2 Étape 3 Étape 4 Étape 5 Étape 6 Étape 7

Décryptez le langage des couleurs et de la typographie

Un jour, alors que je devais rendre un support de formation pour reprographie avant une session ayant lieu fin novembre, j'ai reçu la formule suivante, ainsi typographiée (imaginez-la en gras et rouge de surcroît), dans un e-mail :

> <u>**Ce support est à me retourner impérativement avant le 26 octobre dernier délai.**</u>

Je dois vous préciser que j'avais annoncé à cette personne par téléphone que je ne serais disponible qu'à partir du 25 octobre pour m'en occuper. Après enquête, j'ai appris qu'elle devait s'absenter pour deux semaines de vacances début novembre et qu'elle voulait s'acquitter de cette tâche avant de partir ! Certes, la raison était louable mais encore eût-il fallu qu'elle me l'exprime… autrement.

Cette phrase avait tout pour énerver un lecteur d'e-mail, même le plus compréhensif :

- rouge ;
- gras ;
- souligné ;
- des mots impératifs et une forme encore plus impérative.

Revenons donc en détail sur les effets de certaines formes typographiques.

Utilisez l'italique pour... chuchoter !

Vous n'aviez pas vu cela ainsi, j'en suis certaine… et pourtant. L'italique est en général réservé aux citations. Sachez qu'une phrase ou tout un texte écrit en italique sonnera aux oreilles de vos lecteurs comme un chuchotement.

Maintenant que vous connaissez l'effet produit, vous vous en servirez quand nécessaire.

Trop de gras tue l'effet du gras !

Le gras doit être utilisé avec une grande parcimonie et réservé aux mots-clés de votre texte, tout simplement pour guider le trajet de l'œil de votre lecteur (voir l'étape 5, « Obtenez ce que vous recherchez », pour plus de détails).

Il sert à mettre en évidence ce que l'on pourrait appeler des « mots-outils » : dates, chiffres, échéances, noms propres… Ces mots difficiles à mémoriser, porteurs d'une information importante.

EXEMPLE

De :	Jean REPRENDRAISBIEN
À :	Équipe commerciale
Objet :	Notre réunion du 12/03

Bonjour à tous,

Vous êtes conviés à la réunion de rentrée :

Le mardi 12 mars à 9 h 00 – salle 18 – 1ᵉʳ étage.

Je compte sur votre présence, à confirmer **avant le 2 mars** auprès de Sandrine.

Bonne rentrée à vous.

Jean

Je souligne… donc je suis !

À tous ceux qui pensent que le fait de souligner va mettre les mots en évidence, je dis : « Vous pouvez vous faire entendre d'une manière bien plus efficace ! » (voir la suite du livre…).

Déjà, le soulignement brouille la lecture dans la plupart des formats de police.

Testons ensemble :

<u>Vous devez me confirmer votre participation avant le 2 mars</u> (Century Gothic)

Ou encore :

<u>Vous devez me confirmer votre participation avant le 2 mars</u> (Times New roman)

Ou enfin :

<u>Vous devez me confirmer votre participation avant le 2 mars</u> (Garamond)

Je crois que vous avez compris ! Réservez le souligné… à pas grand-chose finalement, les titres tout au plus dans un compte rendu.

Majuscules bruyantes

EXEMPLE

De :	Jaime BIENCRIER	
À :	Équipe commerciale	
Objet :	RAPPEL DES RÈGLES DE DÉROGATION	

BONJOUR VOUS ETES NOMBREUX A ME TRANSMETTRE DES DEMANDES DE DEROGATIONS POUR LA TARIFICATION GRAND PUBLIC DOIS JE VOUS RAPPELER QUE SEULS LES GRANDS COMPTES EN BENEFICIENT J'ESPÈRE NE PAS AVOIR A Y REVENIR

JAIME

Comment avez-vous vécu cette lecture ? Avez-vous entendu l'auteur crier dans vos oreilles ? Eh bien, nous sommes plusieurs à l'avoir entendu hurler !

Écrire en majuscules revient à crier. Vous avez constaté que dans mon exemple, la ponctuation et les accents ont disparu. La plupart des personnes qui écrivent en majuscules le font dans le but d'éviter de mettre la ponctuation et les accents, privant le lecteur d'autant d'aides précieuses à la compréhension. Une virgule ou un point d'interrogation absent ou mal placé et c'est le sens du texte qui peut changer.

Pas d'arc-en-ciel dans vos e-mails

EXEMPLE

De :	Catherine
À :	Tous mes chargés de mission
Objet :	**VOS NOTES DE FRAIS** [*Écrit en rouge*]
	Hello tout le monde ! [*Écrit en orange*]
	Je rappelle que les notes de frais sont à remettre avant demain soir ! [*Écrit en rouge*]
	Vous pouvez me les envoyer par mail jusqu'à demain midi. [*Écrit en bleu*]
	Sinon, attendez-vous à un remboursement différé aux calendes grecques ! [*Écrit en jaune*]
	Allez, je compte sur vous, je sais que vous comptez sur vos sous. [*Écrit en vert*]
	Catherine [*Écrit en turquoise*]

Cet e-mail, je l'ai vu de mes yeux ; c'est Catherine, l'une de mes sympathiques participantes, qui me l'a soumis en me demandant ce que j'en pensais alors que nous n'avions pas encore abordé le sujet lors d'une formation sur les e-mails.

Ma première question a été : « Que comptiez-vous obtenir grâce à ces couleurs ? » La réponse a été : « Qu'ils prêtent attention à mon e-mail et qu'ils me répondent ou fassent ce que je leur demande. » Ma question suivante a été : « Et donc, est-ce efficace ? » Et sa réponse fut : « Non, pas du tout, je suis même certaine qu'ils ne le lisent pas. »

Et pour cause ! Toutes ces couleurs ont de quoi vous éblouir… et même vous détourner de votre écran. Comment attirer l'attention d'un lecteur avec autant d'animation ?

Voici ce que j'ai conseillé à Catherine :

« Le rouge et le vert sont tout d'abord à bannir, ils rappellent trop l'école (corrections en vert, mots à recopier en rouge… le cauchemar !) et le jaune ne peut que très difficilement se lire à l'écran à cause de la luminosité.

Je vous conseille de n'utiliser que deux couleurs (sans compter le noir) :

– gras (considéré comme une couleur) ;

et

– bleu ou marron ou violet, au choix : couleurs qui ne tranchent pas trop avec le noir. »

Je sais que ma réponse a frustré Catherine, mais je pense qu'elle en a retiré de nombreux bénéfices et qu'elle y a gagné en crédibilité et en pertinence.

Aérez donc ces quinze lignes

Un e-mail, c'est quinze lignes maximum. Oui, vous avez bien lu, quinze lignes, y compris les sauts de lignes.

Quinze lignes car, au-delà, votre lecteur devra actionner « l'ascenseur », ce petit curseur à droite qui permet de faire défiler verticalement votre texte pour lire ce qui se situe sous la ligne de flottaison (bas d'écran). Alors, épargnez au lecteur des mouvements inutiles, de peur de le décourager dans sa lecture et faites en sorte que tout votre texte tienne sur un écran d'ordinateur.

Quinze lignes aussi parce que l'e-mail est un écrit court, lu rapidement, à l'écran de surcroît, et souvent survolé. Si vous n'y arrivez pas, c'est que votre écrit doit prendre une autre forme que celle d'un e-mail.

Certains me disent envoyer un compte rendu en forme d'e-mail, ou inversement : même s'il est recommandé d'être concis dans un compte rendu, l'e-mail ne permet pas de formaliser suffisamment un tel document. Votre e-mail pourra servir de message d'accompagnement au compte rendu mis en pièce jointe.

Vous l'avez compris, **au-delà de quinze lignes, mettez de préférence un document en pièce jointe**. Là aussi, je vous entends me répondre : « Mais si c'est en pièce jointe, personne ne le lira. » Détrompez-vous : votre lecteur vous sera reconnaissant de ne pas lui infliger une longue lecture à l'écran.

Enfin, évitez d'écrire des textes en bloc, sans sauts de lignes, sans retours à la ligne. Un saut de ligne indique un changement d'idée, permet une opposition ou une restriction dans le paragraphe suivant. **Vos paragraphes se limiteront raisonnablement à trois lignes** contre six dans le courrier et ne véhiculeront chacun qu'une idée à la fois. Nous reparlerons de l'enchaînement logique des paragraphes dans la partie intitulée « Montrez votre logique avec les mots de liaison » (p. 80).

En résumé

Désormais, les codes typographiques de l'e-mail n'ont plus de secret pour vous. Vous aurez tout loisir de critiquer ceux qui utilisent toutes les possibilités de leur barre d'outils « mise en forme »... ou pas assez !

Étape 2

VISEZ AVANT DE COMMENCER

Fixez votre objectif d'écriture avant de commencer à rédiger

La première question que vous avez à formuler avant de commencer à rédiger votre e-mail est la suivante : « Pour quoi j'écris ? » Avant toute explication, répondez à cette question : « Lorsque vous envoyez une lettre de motivation à un futur employeur, quel est votre objectif ? » Et là, certains me répondent : « Être embauché. » Ce qui est faux, car ce sera l'objectif d'un entretien. Vous en déduisez donc que le bon objectif sera : « Être reçu en entretien d'embauche. »

L'objectif doit être formulé de façon positive

Plutôt que : « Ne pas convoquer les candidats non motivés à cette journée de recrutement », préférez : « Attirer des candidats motivés à cette journée de recrutement. »

L'objectif doit vous aider à obtenir ce que vous attendez

Pour cela, écrivez une phrase simple pour exprimer ce que vous attendez, ce qui vous semble important d'obtenir grâce à cet e-mail.

Plutôt que : « Je veux éviter de perdre du temps à relancer les membres de mon équipe », préférez : « Je veux que les membres de mon équipe répondent à ma question dans les 48 heures. »

L'objectif doit vous permettre de développer une argumentation logique

Plus ce sera clair pour vous, rédacteur de l'e-mail, plus vous aurez de chance d'être compris par vos lecteurs.

Je ne peux m'empêcher de vous citer l'exemple de Franck, l'un de mes participants, qui a, un jour, préparé un e-mail pour l'administration fiscale afin de demander le remboursement d'une partie de ses impôts pour cause de « trop versé ». Il était tellement en colère qu'il en a perdu le but de sa démarche.

Il m'a formulé ainsi son objectif : « Leur montrer que je ne suis pas content. » « Oui, mais encore ? lui ai-je répondu. Avez-vous obtenu le remboursement de ce trop versé ? » « Non, m'a-t-il répondu, il a fallu que je me déplace pour leur expliquer ! »

S'il avait formulé son objectif plus clairement, comme « obtenir le remboursement de la part trop versée de mes impôts », je parie qu'il n'aurait pas eu à se déplacer.

Votre objectif est votre « feuille de route ». Vous l'écrivez pour vous et le gardez sous les yeux en permanence, au fil de votre écriture.

Je vous entends me répondre : « Mais on ne va pas faire ça pour tous nos e-mails ? » Non, évidemment, pas pour les plus courts, mais surtout pour les plus stratégiques.

En résumé

À qui vise bien, la cible n'est pas loin !

Si vous avez une intention clairement exprimée avant de vous lancer dans la rédaction d'un e-mail, vous obtiendrez à coup sûr ce que vous attendez.

Identifiez vos lecteurs potentiels

La deuxième question que vous avez à formuler avant de commencer à rédiger votre e-mail sera la suivante : « Pour qui est-ce que j'écris ? »

Rien n'est plus difficile que d'identifier le lectorat d'un e-mail de façon exhaustive. L'e-mail se transfère ou apparaît dans un historique.

Il est cependant important d'extrapoler sur les lecteurs possibles et imaginables dans le but :

- d'éviter un impair ;
- d'éviter les fuites d'informations confidentielles ;
- d'adapter votre style à vos interlocuteurs pour être compris du plus grand nombre : en évitant le jargon trop technique par exemple ou un langage trop familier.

Mais je vous rassure, vous le faites déjà, de façon instinctive. Dorénavant, dans certaines situations délicates, vous vous poserez consciemment la question.

Étape 3

Invitez à la lecture dès les premiers mots

Dites bonjour !

Nous avons bien dit que l'e-mail était avant tout une forme écrite de communication. Cependant, de par son instantanéité, il revêt un caractère spontané lui conférant un style vivant, proche du langage parlé.

Aussi, au même titre que vous ne pourriez imaginer croiser quelqu'un dans un couloir sans lui dire bonjour, vous ne pourriez le faire dans vos e-mails.

Vous pouvez dire « bonjour », autrement dit « entrer en relation », de plusieurs manières dans un e-mail : « Bonjour à tous », « Bonjour + prénom », « Bonjour Monsieur ».

Évitez « Bonjour Monsieur Durand », trop long, et effet « brosse à reluire » garanti ou encore les abréviations « Bonjour M. Durand » et encore moins « M. Durand, bonjour, ». C'est un principe de savoir-écrire avant tout : lorsque l'on s'adresse à une personne par écrit, il est recommandé d'écrire Monsieur ou Madame en toutes lettres, avec une majuscule d'ailleurs.

De façon plus formelle : « Monsieur ou Madame » ou « Monsieur ou Madame + son titre » : Monsieur le Maire, Monsieur le Directeur, Maître Durand, Docteur Dupond, Monsieur le Président… Enfin évitez le « bonjour » tout court, trop sec.

De façon moins formelle : un prénom « Aline », « Éric » ou « Cher ami », « Chère Françoise ».

Et je ne vous parle pas du fameux « salut » ou mieux, « slt » que plusieurs d'entre vous utilisent… Vous comprendrez que je ne peux pas vous le recommander car il relève d'un langage trop familier pour être professionnel. Mais vous savez bien l'utiliser avec qui le reçoit comme un témoignage amical.

Là, je vous entends me demander : « Et quand on s'est déjà écrit plusieurs fois dans la journée, doit-on se dire bonjour à chaque fois ? »

Non, bien sûr, mais je vous recommande de trouver quelque chose pour ne pas entrer tout de suite dans le texte ; conservez cette formule d'appel qui contribue à donner le ton à votre e-mail dès le premier mot.

Il m'est arrivé d'écrire un « Alors, » pour commencer un e-mail adressé à quelqu'un à qui j'écrivais pour la énième fois de la journée et que je devais tenir au courant de l'évolution d'une négociation. C'est exactement de cette façon que j'aurais commencé une conversation si j'avais été en face de cette personne. Un exemple de style « parlé » qui peut se prêter à l'e-mail.

Pour être créatif et sortir des expressions toutes faites, usées par tant d'utilisation, écoutez votre voix intérieure et entendez ce qu'elle aurait à dire en telle ou telle circonstance.

En résumé

Vous devez dire « bonjour » pour donner le ton à votre e-mail et favoriser l'entrée en relation. La formule d'entrée de l'e-mail peut être moins formelle que celle d'un courrier mais doit exister pour respecter les codes de la communication.

Choisissez bien vos premiers mots

Nous avons dit que l'e-mail devait être un écrit court. En conséquence, vous allez devoir attirer l'attention de vos lecteurs dès les premiers mots.

Mettez ce bon vieux « suite à » définitivement à la poubelle !

La locution « suite à » est grammaticalement incorrecte : elle constitue une abréviation fautive des locutions « comme suite à » ou « pour faire suite à ». Beaucoup trop utilisée, elle peut avantageusement être remplacée par d'autres procédés, nous aurons l'occasion de les évoquer un peu plus loin. Pour la petite histoire, « suite à » viendrait d'une abréviation télégraphique (« suite à changement avis, prière annuler réservation »). Et on n'est plus au temps du télégraphe où les mots étaient facturés à l'unité !

Bon à savoir

Quelques formules utiles pour remplacer « suite à »

- « À la suite de notre rencontre… » ;
- « En réponse à votre e-mail… » ;
- « Selon votre demande du (date)… » ;
- « Comme convenu / annoncé lors de notre échange téléphonique… » ;
- « Comme évoqué lors de notre entrevue… ».

Étape 1　Étape 2　Étape 3　Étape 4　Étape 5　Étape 6　Étape 7

N'accusez plus !

Il fut un temps où nous accusions bonne réception des documents envoyés… Et ce temps est largement révolu !

Par pitié, n'accusez plus jamais réception ! Cette expression est vieillotte et usée par trop d'utilisation (encore une !). De plus, nous sommes beaucoup plus sûrs du bon acheminement de nos « plis » que du temps des pigeons voyageurs ou des diligences, alors détendons-nous à ce sujet !

De plus, le verbe « accuser » est bien trop négatif pour entrer dans une relation que l'on veut positive dès les premiers mots.

Bon à savoir

**Formules utiles pour remplacer
« nous accusons (bonne) réception de votre e-mail du (date)»**

- « Vous nous avez écrit le (date) au sujet de… » ;
- « Votre e-mail, reçu le (date), a retenu notre attention » ;
- « Par votre e-mail du (date), vous attirez notre attention sur… » ;
- « Nous avons bien reçu votre e-mail du (date) au sujet de… ».

Je, vous, nous ?…

J'entends souvent mes participants s'interroger sur la façon de commencer un e-mail ou encore se demander s'ils doivent parler à la première personne du singulier « je » ou s'inclure dans un groupe avec « nous ».

J'ai plusieurs conseils à vous donner à ce sujet.

Commencez votre e-mail par « vous ». Saviez-vous que les professionnels de la communication utilisent huit fois « vous » pour une fois « nous » dans un courrier marketing ?

Je pense que vous avez deviné ! Votre interlocuteur préfère que vous lui parliez de lui plutôt que de vous. Lisez les deux textes ci-dessous et voyez lequel des deux vous interpelle le plus :

EXEMPLE

Texte 1

Nous sommes leader sur le marché de la fibre optique depuis sa création. **Notre** société a été précurseur dans ce domaine et **nous** avons toujours cherché à rester compétitifs. Notre gamme très élargie **nous** permet de proposer un choix de solutions que **nous** sommes les seuls à détenir. **Nous** serions ravis de **VOUS** faire profiter de **notre** savoir-faire inégalé à ce jour.

Texte 2

Vous êtes à la recherche d'une solution novatrice en matière de fibre optique qui pourra **vous** faire gagner du temps et **vous** positionner face à vos concur-rents. **Votre** besoin est **NOTRE** principale préoccupation. Aussi, vous pouvez opter pour une solution à **votre** mesure parmi une large gamme proposée. **Vos** clients pourront ainsi bénéficier des dernières innovations et **vous** en seront reconnaissants.

Dans le deuxième texte, la règle du 8 pour 1 a été respectée alors que dans le premier texte, c'est l'inverse.

L'exercice peut paraître compliqué *a priori* mais vous constaterez que le pli est très vite pris. Une bonne astuce : commencez par écrire « vous » et le reste suivra ! Grâce à cette entrée en matière, vous capterez immédiatement l'attention de votre lecteur et ferez en sorte, sur votre lancée, de la garder en continuant à parler de lui plutôt que de vous.

Étape 1 Étape 2 Étape 3 Étape 4 Étape 5 Étape 6 Étape 7

Je ou nous : Là, tout dépend du contenu de votre e-mail, du ton que vous souhaitez lui donner, des circonstances et du sujet. Soit vous parlez en votre nom personnel et le « je » sera approprié, soit vous souhaitez vous inclure dans une entité telle que votre entreprise et vous utiliserez le « nous ».

Enfin, évitez la forme impersonnelle qui met une distance trop importante entre le lecteur et vous, ce même lecteur ne se sentant de fait plus du tout concerné par votre message.

Évitez donc : « Les dossiers seront déposés avant jeudi au bureau des inscriptions et les feuilles d'émargement seront signées par chaque candidat », préférez : « Veuillez déposer vos dossiers… et signer la feuille de présence » ou « Vous déposerez vos dossiers… et signerez la feuille d'émargement ».

Je reviendrai sur la forme impersonnelle et la voix passive un peu plus loin, dans l'étape 4, « Soignez votre style » (p. 53).

Entrez tout de suite dans le vif du sujet

Un e-mail est un écrit court, nous l'avons dit : c'est quinze lignes maximum, y compris les sauts de ligne, idéalement composé de trois paragraphes de trois à quatre lignes (le compte y est !).

Dès les premiers mots, vous devez donner à votre lecteur une indication précise et rapide à comprendre.

Vous pouvez choisir :

- de situer le contexte : « Vous êtes adhérent à notre association depuis (date) » ;
- de rappeler des faits : « Vous nous avez contactés le 15 juin au sujet d'une formation en gestion du temps » ;
- d'annoncer un événement : « Vous êtes convié à une réunion commerciale le (date) » ;

- de formuler une demande : « Nous attendons votre avis d'imposition afin d'actualiser votre situation ».

En résumé

Commencez votre e-mail par ce qui est essentiel à l'atteinte de votre objectif. Dès les premiers mots, votre interlocuteur doit pouvoir saisir le ton et le sujet principal de votre message. Vous aurez ainsi toutes les chances de garder son attention jusqu'au bout.

Étape 4

Soignez votre style pour garder l'attention de votre lecteur

Le style « e-mail » est épuré, simple, dynamique, informatif tout en gardant un certain formalisme puisque, nous l'avons dit, c'est un écrit. Vous avez un message à transmettre : il doit être clair et concis, correct et courtois, convivial et convaincant. J'arrête la liste d'adjectifs pouvant qualifier un e-mail pour vous transmettre les clés de la lisibilité.

Privilégiez les mots courts

Évitez les adverbes en *–ment*

Au lieu de… :	Préférez :
Antérieurement	Avant
Conformément	Selon
Conjointement	Ensemble
Également	Aussi
Excepté	Sauf
Épisodiquement	Parfois
Fréquemment	Souvent

Au lieu de… :	Préférez :
Principalement	Surtout
Malheureusement	Hélas
Exagérément	Trop
Immédiatement	Aussitôt
Passablement	Assez
Préalablement	Avant

Évitez les noms communs trop longs, parfois emphatiques[1]

Au lieu de... :	Préférez :
Acquisition	Achat
Signification	Sens
Investigation	Recherche
Agissements	Attitude
Transmission	Envoi
Proclamation	Annonce

Au lieu de... :	Préférez :
Augmentation	Hausse
Diminution	Baisse
Consensus	Accord
Omission	Oubli
Circonstance	Cas
Ajournement	Report

Préférez les mots positifs

Privilégions des mots qui donnent à voir des choses agréables et bannissons les mots catastrophes.

Bon à savoir

Mots positifs

Inviter à, ensemble, garantir, confier, accueillir, disposer, aider, efficace/efficacité, encourager, mutuel, offrir, permettre, préférer, profiter, recommander, simplifier, souhaiter, volonté, facilité, confiance, certitude, courage, accessible, soutenir…

Mots catastrophes

Problème, souci, difficulté, crainte, peur, doute, obligation, impossible, impossibilité, malheureusement, jamais, grave, ennui, retard, échec, déranger, exiger, refuser, difficile, mal, obstacle, peine, inquiétude, incertitude, alerter, pénible, strict, désagréable, obstacle, épreuve, impératif, impérativement…

---

1. Dont la forme pompeuse peut paraître exagérée dans certains cas.

Optez pour des mots précis

Dans notre vocabulaire, nous pouvons dénombrer beaucoup de mots dits « bateaux » ou « passe-partout » qui, certes, sont bien pratiques mais ne désignent pas l'action de façon précise. En recherchant des synonymes adaptés à votre contexte, vous donnerez une information plus précise et enrichirez votre vocabulaire.

Évitez les mots « bateaux »

Noms communs « bateaux » : suggestions de synonymes, à adapter au contexte.

Problème : question, besoin, sujet, oubli, panne, point de désaccord, risque, anomalie, déconvenue…

Chose : activité, dossier, affaire, appareil, article, élément, objet, outil, question, travail…

Projet : direction, entreprise, idée, initiative, motif, objectif, plan, résolution, volonté…

Document : catalogue, tableau, contrat, fiche, formulaire, mode d'emploi, rapport, texte…

Adjectifs « bateaux » : suggestions de synonymes, à adapter au contexte.

Important : considérable, décisif, avantageux, central, crucial, indispensable, intéressant, majeur, nécessaire, obligatoire, primordial, sérieux, utile, vital…

Urgent : annoncer un délai, une échéance et dire pourquoi c'est urgent. Par exemple : « Ce dossier doit être remis avant le 15 mai, date limite des inscriptions. »

Correct : adapté, juste, régulier, décent, exact, conforme, fidèle, adéquat, approprié…

Difficile : ambigu, compliqué, complexe, confus, incompréhensible, subtil, pénible, consistant, embarrassant, gênant, impraticable…

Simple/facile : élémentaire, fondamental, sommaire, abrégé, concis, laconique, superficiel, rudimentaire, maniable, confortable, aisé, abordable, possible, accessible…

Adverbes « bateaux » : pour remplacer ce genre d'adverbes, utilisez le schéma « fait → conséquence » et/ou utilisez des données précises (chiffres, dates, durée, échéance…).

Bien/mal :

Plutôt que : « Elle a bien travaillé, nous allons lui attribuer une prime », préférez : « Elle a fait signer deux fois plus de contrats que sa collègue, nous allons lui attribuer une prime » (schéma « fait → conséquence »).

Plutôt que : « Elle répond mal au téléphone », préférez : « Elle utilise un vocabulaire négatif au téléphone » ou « Elle manque un appel sur deux au standard ».

Beaucoup/peu :

Plutôt que : « Il me faut beaucoup de temps pour écrire cet e-mail », préférez : « J'ai besoin d'une demi-heure pour écrire cet e-mail. »

Plutôt que : « Il reste peu de temps avant l'expiration du délai », préférez : « Il reste deux jours avant l'expiration du délai, soit le… »

Toujours/jamais :

Plutôt que : « Elle est toujours en retard », préférez : « Elle arrive à 9 h 15 tous les matins. »

Plutôt que : « Je n'ai jamais de réponse à mes e-mails », préférez : « Je vous ai envoyé deux e-mails (dates) et je n'ai obtenu aucune réponse. »

Verbes « bateaux » : faire, réaliser, effectuer, procéder à, mettre, dire…

Quelques exemples de synonymes allant avec le complément d'objet direct qui suit :

- réaliser une condition → *remplir une condition* ;
- réaliser un objectif → *atteindre un objectif* ;
- réaliser une politique → *mener une politique* ;
- réaliser une intervention chirurgicale → *pratiquer une intervention chirurgicale* ;
- réaliser un e-mail → *rédiger un e-mail* ;
- effectuer des réparations au niveau des ordinateurs → *réparer les ordinateurs* ;
- effectuer un tableau → *peindre un tableau* ;
- faire un bénéfice → *dégager, produire un bénéfice*.

Dire : annoncer, informer, déclarer, exposer, raconter, formuler, énoncer, prétendre, affirmer, garantir, défendre, avancer, assurer, certifier, révéler, suggérer…

Mettre : déposer, insérer, placer, poser, verser, apporter, installer, fixer, apposer, disposer, empiler, classer, installer, étaler…

Un verbe décrivant précisément l'action de votre phrase aura l'avantage de vous faire gagner des mots et donnera à votre style tout le dynamisme que vous souhaitez lui apporter.

Le style administratif, qui consiste à faire de la périphrase verbale, ou encore de la nominalisation, en utilisant un verbe *omnibus*[1] et en déléguant à son complément le soin de porter l'action, est à fuir !

---

1. Verbe dit « bateau », pouvant s'utiliser en toutes circonstances car dépourvu de sens précis. J'ai repris ici l'expression d'Alfred Gilder dans *Le Français administratif. Écrire pour être lu*, Éd. Glyphe, qui décrit admirablement le jargon administratif et les remèdes pour en finir avec le style ampoulé.

Périphrase verbale/nominalisation		Verbe d'action
Procéder à des modifications dans le contrat	→	modifier le contrat
Procéder à une étude préalable	→	étudier au préalable
Procéder à l'examen	→	examiner
Faire une réforme du système	→	réformer le système
Attacher de l'intérêt à	→	s'intéresser à
Avoir recours à	→	recourir à
Mettre en état d'arrestation	→	arrêter
Faire retour d'un dossier	→	renvoyer un dossier
Faire l'objet d'une mesure de suspension	→	être suspendu
Venir à expiration	→	expirer
Mettre en place une réunion	→	organiser une réunion
Faire du tort	→	nuire
Effectuer une liaison entre	→	relier
Être en adéquation avec	→	correspondre à
Mettre l'accent sur	→	insister sur

Bon à savoir

Un adulte ayant un niveau d'études moyen utilise entre trois cents et trois mille mots sur les vingt mille à trente mille qu'il connaît et sur les soixante mille à cent mille inscrits dans le dictionnaire courant. Enfin, la langue française comporterait cent trente mille mots au total.

Évitez le jargon professionnel et la langue de bois

Le jargon professionnel est un langage interne à l'entreprise ou propre à un métier, un certain milieu ; les personnes composant une certaine communauté le partagent, le comprennent et l'enrichissent. Sorti de ce cercle restreint, le jargon peut être une véritable langue étrangère pour certains de vos interlocuteurs. Les exemples sont nombreux et vous en avez aussi bon nombre…

pour autant que vous preniez conscience que tel mot ou tel sigle fait partie de votre jargon professionnel.

La langue de bois, quant à elle, est un procédé qui vise à juxtaposer des mots pauvres en sens, pris isolément et qui, mis bout à bout, forment une phrase correcte à première vue mais sans signification.

Lisez donc les phrases ci-dessous :

« L'objectif révèle les changements analytiques du groupe. »

« L'expérience modifie les concepts caractéristiques du projet. »

« L'évaluation renouvelle les problèmes pédagogiques de la hiérarchie. »

Avez-vous compris quelque chose ?

J'en doute fort : tout est fait pour que la phrase soit dépourvue de sens, malgré l'utilisation de mots simples et compris de tous. C'est le fait de les juxtaposer qui produit cet effet « langue de bois ». Souvenez-vous de ce que vous ressentez lorsque vous posez une question et que vous ne comprenez pas la réponse…

En résumé

Pour être lu et compris, choisissez des mots simples, corrects, précis, courts, positifs, en vous préoccupant de l'information qu'ils véhiculent.

Évitez pléonasmes, barbarismes et anglicismes

Un **barbarisme** se dit d'un mot dont la forme n'existe pas ou dont la forme est… déformée. Nous en commettons tous sans le savoir ; tentons ici de lever les doutes sur certains mots que nous utilisons très fréquemment.

Barbarisme (mot déformé ou n'existant pas)	Forme correcte (mot juste)
Pécuni**er**	Pécuni**aire**
Ré**numé**rer	Ré**muné**rer
Ar**éo**port	A**éro**port
Astéri**x**	Asté**risque**
Dile**mn**e	Dile**mm**e
Ré**numé**ration	Ré**muné**ration
Conséquent (pour « important »)	Considérable
Finaliser (pour « terminer »)	Parachever, peaufiner, terminer
Autant pour moi	**Au temps** pour moi
Et bien	**Eh** bien
C'est compréhen**sif**	C'est compréhen**sible**
En défini**tif**	En défini**tive**
Par conséquen**ce**	**En** conséquen**ce**, **par** conséquen**t**
Ob**nibu**ler ou o**mnu**biler ou **omnibu**ler	Ob**nu**biler

Un **pléonasme**, quant à lui, est une succession de mots qui ont le même sens, ressentie (souvent inconsciemment) par votre lecteur comme une répétition et conférant un style lourd à votre rédaction.

Exemple de pléonasmes fréquemment utilisés dans vos e-mails :

Pléonasmes	Forme allégée
Car en effet	En effet
Ajouter **en plus**	Ajouter
S'avérer **vrai**	S'avérer **ou** se révéler vrai
Voire **même**	Voire
Deux alternatives	Deux possibilités
Au jour **d'aujourd'hui**	À ce jour **ou** actuellement
Collaborer **ensemble**	Collaborer **ou** travailler ensemble
Achever **complètement**	Achever, terminer
Commencer **d'abord**	Commencer
Se concerter **ensemble**	Se concerter
Donc par conséquent	Donc **ou** par conséquent

Pléonasmes	Forme allégée
Enfin **pour terminer**	Enfin **ou** en résumé **ou** pour conclure
Au **grand** maximum	Au maximum
Opposer son veto	Mettre son veto
Perspective **d'avenir**	Perspective
Un **futur** projet	Un projet

Un **anglicisme**, enfin, est un mot emprunté à l'anglais, dont le sens n'est en général pas compris de tous, de la même façon.

Prenons l'exemple du verbe « impacter » que de nombreuses personnes utilisent. Selon l'Académie française, seul le nom commun « impact » existe dans la langue française et désigne « le choc d'un projectile contre un corps, ou la trace, le trou qu'il laisse » et ne signifie en aucun cas « résultat » ou « conséquence ». C'est donc à tort que l'on a créé la forme verbale « impacter » dérivée de ce mot, plutôt inspirée de l'anglais et qui est censée signifier « influencer, avoir une conséquence sur (souvent négative) ». En ce sens, elle est considérée comme un barbarisme. Alors, un petit conseil, ne l'utilisez pas, même si certains dictionnaires l'ont désormais intégrée.

Voici quelques synonymes utiles pour remplacer « impacter » : *influencer, modifier, bouleverser, influer sur, déranger, perturber, dérégler, gêner, contrarier, entraver, améliorer…*

Quelques anglicismes courants dans vos e-mails :

Anglicismes	Traduction correcte
Matcher	Correspondre, convenir
Fowarder	Faire suivre, transférer
Asap (as soon as possible)	Le plus tôt possible
PM	Après-midi
AM	Matin
Briefer	Informer, avertir
Debriefer	Faire le bilan, se concerter

Anglicismes	Traduction correcte
Corporate	Intégré, cohésif
En *live*	En direct
Pop-up	Fenêtre surgissante[1]
Teaser	Accroche

Allégez vos phrases

Plus que jamais dans un e-mail, réputé être un écrit court, les phrases ne devront pas dépasser quinze à vingt mots.

EXEMPLE

Une phrase trop longue : « Je vous remets ci-joint votre nouveau contrat, tel que nous l'avons composé par téléphone le 15 courant et que vous devrez me renvoyer avant le 15 avril pour qu'il soit validé avant son terme le 30 avril. » 40 mots !

Proposition de correction : « Je vous remets ci-joint votre nouveau contrat, tel qu'évoqué par téléphone le 15 courant. Veuillez me le renvoyer avant le 15 avril pour validation avant son terme, le 30 avril. » Soit deux phrases de 16 et 17 mots.

Pourquoi faire des phrases courtes ?

Une affaire de mémoire...

Lorsque nous lisons, nous utilisons notre mémoire à court terme (ou mémoire de travail) pour stocker les informations le temps de les comprendre. Ce temps imparti pour lire et comprendre s'appelle « l'empan[2] de mémoire ». Pour les spécialistes de la mémoire,

---

1. Traduction très réussie, empruntée à Brigitte Boussuat et Jean Lefebvre dans leur ouvrage *Former avec le funny learning* (Dunod, 2015).
2. L'empan est une mesure ancienne désignant la distance entre le bout du pouce et le bout de l'auriculaire, soit vingt centimètres environ.

cette notion désigne le nombre maximum d'éléments qu'un individu est capable de mesurer, retenir, visualiser… en une seule fois.

Suivant les habitudes de lecture, l'empan de mémoire sera plus ou moins étendu : des personnes lisant très peu ne pourront lire et comprendre en une seule fois que cinq à dix mots alors qu'à l'inverse, des lecteurs entraînés liront jusqu'à soixante mots dans le même temps.

Une affaire de courtoisie...

Votre lecteur se lassera de votre prose si elle est longue et ennuyeuse. Si vous l'obligez à lire deux fois chacune de vos phrases pour les comprendre, vous pourriez en décourager plus d'un. Mettez-vous à sa place et ne faites pas subir aux autres ce que vous n'aimez pas que l'on vous fasse !

Choisissez et variez les formes de vos phrases

L'ordre des mots

Notre cerveau français est programmé pour lire une phrase dans cet ordre-là : sujet + verbe + complément. Ne le contrariez pas en commençant par un complément à rallonge car il lira sans comprendre jusqu'à tomber sur l'objet principal. Ou comme dans l'exemple ci-dessous, en séparant le sujet du verbe et le verbe du complément par un grand nombre d'informations.

Voici un bel exemple à ne pas suivre :

EXEMPLE

« (1) Des arrêtés du ministre chargé de la Sécurité sociale, pris après avis des comités techniques nationaux intéressés, (2) fixent chaque année, par risques ou par groupes de risques et suivant les règles définies par l'article 4 ci-dessous

> en fonction des résultats statistiques des trois dernières années connues, (3) les tarifs des cotisations dues au titre des accidents du travail et des maladies professionnelles applicables aux établissements occupant habituellement moins de vingt salariés. » (1 = sujet – 2 = verbe – 3 = complément)

Phrase affirmative *versus* phrase négative

L'une dit « oui », l'autre dit « non »… Un peu simpliste mais tellement réaliste. Votre cerveau de lecteur reçoit une information négative dès qu'une phrase comporte une forme de négation. Certes, on ne peut pas dire « oui » à tout mais lorsque l'on veut transmettre un message positif, évitons les formes négatives.

Évitez : « Elle ne semble pas mal à l'aise dans cet exercice » ; « Il n'est pas impossible que je vienne » ; « Elle ne dira pas non », préférez : « Elle paraît être à l'aise dans cet exercice » ; « Je vais certainement venir » ; « Elle acceptera sûrement ».

Phrase interrogative *versus* phrase interro-négative

Laurent, informaticien, nous a livré cette anecdote lors d'une formation : « Ma collègue m'a écrit un e-mail en me posant la question suivante : "Ne pourrais-tu pas m'aider ?" Ce à quoi j'ai répondu : "Oui." Elle semblait ravie de cette réponse alors je lui ai précisé que répondre par "oui" à une interro-négation revenait à dire "non" ! »

D'une part, lorsque vous posez une question sous la forme interro-négative, vous incitez votre interlocuteur à vous répondre par la négative car c'est là le message reçu par son cerveau. D'autre part, il est difficile d'interpréter la réponse à une interro-négation : est-ce un « oui » ou un « non » ?

Au final, je vous encourage à ne plus jamais utiliser cette forme ! En revanche, poser une question directe dans un e-mail peut animer votre style et favoriser l'obtention d'une réponse. Profitez donc de la forme interrogative pour établir un contact direct avec votre interlocuteur. Par exemple : « Êtes-vous disponible jeudi 15 mai à 15 h 00 ? »

Bon à savoir

Ne posez qu'une question à la fois dans votre e-mail

Vous serez d'autant mieux fixé sur la réponse. Sinon, précisez que vous avez une série de questions à poser et proposez une réponse « entrelardée » (renvoi du même message avec les réponses en couleur en face).

Phrase active *versus* phrase passive… aggravée par la forme impersonnelle

Je ne vais pas vous reparler du chat qui mange la souris, cela vous rappellerait dramatiquement l'école. Je vous propose un exemple plus approprié à votre cadre professionnel :

- voix active : « La direction a supprimé les tickets-restaurants » ;
- voix passive : « Les tickets-restaurants ont été supprimés par la direction ».

Dans la première phrase, la direction (sujet) fait bien l'action du verbe « supprimer » : nous tenons donc le coupable ! Dans la seconde phrase, les tickets-restaurants (sujet) ne font pas l'action du verbe : le coupable se trouve relégué en complément.

Quel effet cela produit-il sur votre lecteur ? La voix passive « drageonne » comme les plants de fraises : elle se répand ! Plus on l'utilise et plus on est tenté de l'utiliser. Au final, cela donne un ton impersonnel à votre texte qui finit par agacer le lecteur et lui procurer une sensation de désengagement, voire de désintérêt de votre part. Le lecteur a besoin de connaître « les coupables », ceux qui ont *commis* l'action !

Quant à la forme impersonnelle : « Il a été décidé que les tickets-restaurants seraient supprimés », nous sommes au comble du délit ! Non seulement le sujet ne fait pas l'action du verbe mais en plus, l'acteur n'est pas cité. Le lecteur se sent floué et il a raison.

Vous l'avez compris, exprimez-vous à la forme active et réservez formes passives et impersonnelles pour faire passer une information délicate, toujours avec parcimonie.

Phrase exclamative

Évitez de vous exclamer dans vos e-mails. La profusion de points d'exclamation ne viendra pas à la rescousse de votre style ni ne contribuera à donner le ton à votre phrase.

Observez ces exclamations : « Quelle bonne nouvelle ! », « Quel plaisir d'avoir de tes nouvelles ! », « Ce dossier est vraiment intéressant ! », « Tu es décidément toujours le premier informé ! » Comment les interpréter : est-ce de l'ironie ? de la joie ? de l'agacement ?

Il est préférable d'utiliser des mots bien choisis et bien positionnés dans votre phrase plutôt que des points d'exclamation pour exprimer vos émotions, vous éviterez bien des impairs.

Phrase « chamboulée »

Voici une forme que vous aurez du mal à trouver dans un livre de grammaire et que je vous recommande néanmoins pour donner de la vie à votre style.

Pour chambouler une phrase, vous allez recourir :

- aux deux points : tellement pratiques ces deux-là pour réveiller votre lecteur. Par exemple : « Votre objectif : doubler les ventes en deux mois », « Vous donner des explications : impossible » ;

- au point d'interrogation : nous l'avons évoqué, le questionnement direct incite à la réponse, à l'action. Par exemple : « Pouvez-vous m'envoyer un exemplaire de ce contrat ? » ;

- à la phrase nominale : celle qui ne comporte pas de verbe conjugué. Par exemple : « Votre exemplaire en annexe », « Merci pour votre attention ».

Un jour, j'ai reçu un e-mail de remerciement de la part de Jean-Paul ; il avait réservé une place toute particulière à la gratitude qu'il voulait m'exprimer de la façon suivante : « Je vous confie la première mission dans le cadre de notre collaboration, vous avez été patiente. Merci. »

Son « merci » occupait une place de choix et il m'a d'autant plus marquée. Au point d'ailleurs que je vous le livre ici. Retenez que tout ce qui se trouve immédiatement après un point final relance l'attention de votre interlocuteur dans les trois à six premiers mots. Lorsque vous avez un message important à faire passer, réservez-lui une place de choix, entre deux points finaux.

Mélangez le tout et obtenez un style bien vivant

Servez-vous de toutes ces formes et de longueurs de phrases différentes : vous animerez votre style tout autant que vous changez de ton régulièrement lorsque vous prenez la parole pour éviter que votre auditoire ne s'endorme.

Étape 1 Étape 2 Étape 3 Étape 4 Étape 5 Étape 6 Étape 7

Conjuguez au présent

Le verbe est au cœur de la phrase et exprime en grande partie l'action. Nous avons vu précédemment qu'il était important de choisir le bon verbe, celui qui exprime le plus précisément l'action évoquée. Le choix du temps de conjugaison sera tout aussi important.

Rappel des modes et temps les plus utilisés

Dans les écrits professionnels, *a fortiori* dans les e-mails, le mode le plus utilisé est bien l'indicatif :

- **Le présent** : le plus dynamique, affirmé et rassurant pour votre lecteur. Sentez la différence entre ces deux phrases :
  - « Demain, je m'occupe de votre dossier » (1) ;
  - « Demain, je m'occuperai de votre dossier » (2).

  Dans la phrase 2, le verbe est conjugué au futur : l'impression ressentie est plus incertaine que dans la phrase 1, dont le ton est plus affirmé grâce au présent.

  Le présent peut convenir à bon nombre de situations, je vous conseille de le privilégier dans vos écrits, d'autant que sa conjugaison est peut-être celle que vous maîtrisez le mieux.

- **Le futur** : pour être moins impératif que… l'impératif :
  - « Vous déposerez vos dossiers avant le 15 juin » (1) ;
  - « Déposez vos dossiers avant le 15 juin » (2).

  Ressentez-vous la différence ? Le futur (1) paraît ici plus diplomatique que l'impératif (2).

- **Le passé composé** : le plus dynamique des temps du passé. Par exemple : « J'ai appelé le dépanneur. »

Les autres temps de l'indicatif sont, quant à eux, peu utilisés.

En revanche, le mode subjonctif s'impose avec certaines locutions[1] : afin que, avant que, bien que, de peur que, en attendant que, jusqu'à ce que, pour que, pourvu que, quoique, quel que, quelque… que, sans que, soit que…

Bon à savoir

« Après que » est suivi d'un temps de l'indicatif et non du subjonctif qui est le mode de la crainte, du doute, et de tout ce qui ne s'est pas encore passé.

Par exemple : *après qu'il est venu* (passé composé)/*après qu'il fut venu* (passé antérieur)/*après qu'il fait ses devoirs* (présent)… Mais *avant qu'il voie* (subjonctif présent).

Bon à savoir

Comment différencier le présent du subjonctif du présent de l'indicatif lorsqu'ils se prononcent de la même façon ?

Doit-on écrire : *avant qu'il voit* ou *voie* ?

Remplacez le verbe « voir » par un verbe au subjonctif très distinctif comme « faire » et cela donnera « avant qu'il fasse ». C'est donc la seconde orthographe qui est correcte : « voie ».

Quant au **mode conditionnel**, il est réputé semer le doute dans l'esprit du lecteur. Sauf si c'est là votre intention, préférez le futur.

Observez ces deux façons d'exprimer une condition :

« Si vous *venez* à 17 h 00, je *pourrai* vous recevoir » : *présent + futur.*

---

1. On emploie le terme « locution » quand un adverbe ou une préposition sont composés de plusieurs mots.

« Si vous *veniez* à 17 h 00, je *pourrais* vous recevoir » : *imparfait + conditionnel*.

Laquelle préférez-vous, vous qui devenez des rédacteurs dynamiques ? La première, évidemment, qui est plus positive que la seconde.

Bon à savoir

Comment différencier le conditionnel présent du futur à la première personne « je » ?

Doit-on écrire : *s'il pleut, je* **ferai** (futur) *ou* **ferais** (conditionnel) *du vélo* ?

Remplacez *je* par *nous* qui a une forme distinctive à l'oral : *s'il pleut, nous* **ferons** *du vélo*, forme au futur du verbe faire. C'est donc la première orthographe qui est correcte : *ferai*.

Soyez percutant !

Vous exprimez un besoin grandissant d'être convaincant dans vos écrits professionnels, et pour cause ! Il s'écrit tant de choses aujourd'hui qu'il est indispensable de vous démarquer si vous voulez sortir du lot.

Voici ma version de la définition d'un écrit percutant :

- affirmé : direct tout en restant courtois ;

- rénové : *exit* les vieilles expressions relevant du style administratif, place aux formules courtes ;

- orienté client : on ne lui rebat plus les oreilles avec nos prouesses, on lui parle de ses besoins, on s'adresse à lui en privilégiant le « vous » ;

- positif : on évite les négations, les mots catastrophes, le jargon et les anglicismes qui installent une distance désagréable…

Je serai difficilement exhaustive ici car le sujet est vaste. Vous pouvez désormais profiter de nos formations en ligne consacrées aux écrits professionnels : www.lefrancaisdespros.com

Et juste pour vous, voici un aperçu de ce que vous y apprendrez :

Expressions obsolètes, timides, jargonneuses ou négatives	Expressions rénovées, affirmées, orientées client et positives !
Je me permets de vous contacter pour solliciter une entrevue.	Je souhaite vous rencontrer pour recueillir vos besoins.
Je souhaiterais faire un point avec vous sur cette question.	Faisons un point ensemble sur cette question.
Nous faisons suite à votre demande…	Vous nous avez sollicités pour…
Nous vous laissons revenir vers nous…	Nous vous invitons à nous répondre…
Nous ne manquerons pas de vous recontacter.	Rappelons-nous dans quelque temps. Nous avons noté de vous recontacter. Nous vous proposons de vous rappeler…
Espérant que cette proposition retienne votre attention.	Souhaitant que cette proposition réponde à vos attentes.
Merci de me répondre par retour.	En attendant votre réponse par retour. Dans l'attente de vos prochaines nouvelles.
J'aimerais avoir votre avis sur notre proposition.	Que pensez-vous de notre proposition ?
Nous vous remercions pour votre aide.	Nous vous remercions de votre contribution.
Les remises ne sont appliquées que sur les produits en stock.	Les remises sont réservées aux produits en stock.
N'oubliez pas votre convocation.	Pensez à vous munir de votre convocation.
Envoyez vos documents impérativement avant le (date) si vous souhaitez être remboursé à temps !	Envoyez vos documents d'ici le (date) afin d'obtenir votre remboursement au plus tôt.
Ces dates ne pourront être retenues que jusqu'au (date).	Ces dates sont réservées pour vous jusqu'au (date).
Soyez rassurés, vos produits sont bien commandés !	Sachez que nous avons bien commandé vos produits.

Expressions obsolètes, timides, jargonneuses ou négatives	Expressions rénovées, affirmées, orientées client et positives !
Je vous écris pour vous rappeler ma proposition du (date) et recueillir votre avis.	Vous avez reçu notre proposition le (date). Qu'en pensez-vous ?
Merci par avance pour vos commentaires.	J'attends vos commentaires avec intérêt.
Nous vous informons que l'AG aura lieu le 15 juin.	Notez que l'AG aura lieu le 15 juin.

Soyez... ponctué

J'ai remarqué que la ponctuation disparaissait parfois de certains e-mails sous le prétexte d'écrire vite. Et quand on parle vite, doit-on oublier de mettre le ton ? La ponctuation a trois rôles importants :

Premier rôle : la ponctuation sépare les groupes de mots. Comparez ces phrases :

« L'assistante, dit le manager, doit arriver à l'heure » : *propos rapportés par le manager* et « L'assistante dit : "Le manager doit arriver à l'heure" » : *propos rapportés par l'assistante.*

« Nous travaillons tant, que notre société détient le monopole du marché » : *nous travaillons beaucoup* et « Nous travaillons tant que notre société détient le monopole du marché » : *nous travaillons jusqu'à...*

Deuxième rôle : la ponctuation aide votre lecteur à comprendre le bon message. Comparez les phrases ci-dessous :

« Elle a terminé ce dossier, comme nous l'espérions » : *l'action était espérée* et « Elle a terminé ce dossier comme nous l'espérions » : *l'aboutissement était espéré.*

Troisième rôle : la ponctuation donne le ton, l'expression, le rythme et une indication sur les pauses.

« Que dit-elle ? Mais non, elle n'est pas en colère ! Ou si peu… Enfin, qu'ai-je donc dit d'aussi désagréable ? » ; « Donner mon avis ? Certainement pas ! Voudriez-vous que je le regrette aussitôt ? » ; « Lui faire des reproches : loin de moi cette idée ! ».

J'ai un peu exagéré le trait dans ces trois phrases très ponctuées pour que vous entendiez le ton en les lisant. Je vais vous recommander, cependant, de ne pas abuser de formes trop marquées comme l'interrogation, l'exclamation, les deux points. Comme tout ce qui est trop caractéristique, cela risque de lasser rapidement votre lecteur, fatigué par autant de mouvements dans votre texte.

Décrivons à présent l'effet produit par chaque signe de ponctuation ; je vais vous livrer quelques astuces, en contournant volontairement les règles de grammaire liées à la ponctuation, de peur que vous ne refermiez ce livre prématurément !

Le point

Il indique la fin d'une phrase déclarative et est toujours suivi d'une majuscule.

Le point sépare deux idées secondaires et donne une respiration à votre lecteur. Au-delà des principes de lisibilité, pensez à votre lecteur qui se retrouve en « apnée mentale » quand il lit des phrases trop longues.

La virgule

Elle indique une pause, sépare les groupes de mots, permet de donner une explication.

Si vous avez un doute sur la pertinence de poser une virgule ici ou là, je vous conseille de lire votre texte à haute voix et de pointer l'endroit où vous avez besoin de faire une courte pause ; vous saurez alors qu'il faut mettre une virgule.

L'apposition. Lorsque vous voulez préciser une notion, vous allez mettre une sorte d'explication entre virgules.

EXEMPLES

« Son assistante, ancienne cadre de santé, est attentive aux règles d'hygiène et de sécurité. »

« Vous trouverez, ci-joint, le dossier demandé. »

« Les deux dirigeants, amis de longue date, sont associés depuis l'origine. »

L'enchâssement. Je vous en parle pour vous recommander de l'éviter à tout prix. Il consiste à insérer des compléments entre le sujet et le verbe. Or nous savons que le sujet doit être le plus immédiatement possible suivi du verbe pour que votre phrase soit comprise rapidement.

Contre-exemple : « **Les dossiers**, demandés en urgence par le service du personnel le mois dernier, **sont à rendre** avant le 15 mai. »

Il faut retenir que, dans une telle configuration, le lecteur ne fera que survoler ce qui se trouve entre virgules, recherchant le verbe pour comprendre le sens de la phrase principale (en gras dans cet exemple).

L'énumération. Très utile lorsqu'il est besoin de lister plusieurs éléments, la virgule servira à les séparer. Préférez énumérer en colonne plutôt qu'en ligne.

Évitez : « Vous devrez fournir votre avis d'imposition, votre RIB, votre carte d'identité. »

Préférez : « Vous devrez fournir :

- votre avis d'imposition,

- votre RIB,

- votre carte d'identité. »

La deuxième configuration est largement plus favorable à l'action et à la mémorisation.

Le complément. Lorsque vous commencez une phrase par un complément – le plus court possible –, le groupe de mots devra être séparé de la phrase principale par une virgule.

EXEMPLES

« Demain, vous avez rendez-vous à 8 h 00 dans le hall d'entrée. »

« Dès réception, je vous retourne ce formulaire complété. »

« À Paris, les grèves sont fréquentes. »

Bon à savoir

La virgule dans l'e-mail

Après la formule d'appel : *Bonjour, Prénom, Madame, Monsieur le Directeur…*

Ci-joint/ci-annexé/ci-inclus :
- **ci-joint**, les dossiers attendus : adverbe quand il est placé en début de phrase – toujours invariable ;
- les dossiers **ci-joints** sont à remettre… : adjectif – variable selon le genre et le nombre du nom auquel il se rapporte lorsqu'il est placé après ce dernier ;
- veuillez trouver, **ci-jointes**, les factures enregistrées : *idem* lorsqu'il est en apposition (entre deux virgules) puisqu'il est considéré comme un adjectif.

Dans la formule de sortie : « En attendant votre réponse, », « Dans l'attente de votre avis, », « Avec mes remerciements, ».

Ces formules seront forcément suivies de « nous » ou « je » et non de « veuillez », ce qui ferait une construction grammaticale fautive. Donc : « En attendant votre réponse, nous restons à votre disposition. » Et non : « En attendant votre réponse, veuillez agréer… »

Dans la formule de politesse : « Veuillez agréer, Monsieur, mes sincères salutations. », « Recevez, Madame, mes salutations distinguées. », « Nous vous prions d'agréer, Messieurs, nos salutations… ».

Le point-virgule

Il marque une pause intermédiaire, permet de rester dans la même idée sans changer de phrase. Sans doute le signe de ponctuation qui vous est le plus étranger… Il est réputé donner une respiration moyenne au lecteur.

Économisez des « que » et des « qui », bien lourds pour votre style :

Exemple :

« Les salariés que nous avons rencontrés à la réunion et qui étaient très motivés ont remis leur compte rendu à temps. »

La même phrase avec un point-virgule :

« Les salariés rencontrés à la réunion étaient très motivés ; ils ont remis leur compte rendu à temps. »

Économisez des mots pour alléger votre rédaction :

Exemple :

*« Le rôle du maître **est** d'enseigner **et** le rôle de l'élève est d'apprendre. »*

La même phrase avec un point-virgule :

« *Le rôle du maître* **est** *d'enseigner ; celui de l'élève, d'apprendre.* »

En l'occurrence, les mots souvent supprimés sont les conjonctions de coordination (*mais ou et donc or ni car*) et le verbe en deuxième partie de phrase (procédé appelé « ellipse du verbe »).

Économisez des liaisons :

Exemple :

« *L'assistante prend des notes et fait le compte rendu* **puis** *je le relis* **et enfin***, elle le diffuse à tous les services.* »

La même phrase avec des points-virgules :

« *L'assistante prend des notes et fait le compte rendu ; je le relis ; elle le diffuse à tous les services.* »

La deuxième forme est d'ailleurs beaucoup plus dynamique que la première.

Les points de suspension

Ils interrompent une énumération, marquent l'inachèvement d'une phrase, induisent un sous-entendu.

Les points de suspension, appelés également points de suite, sont au nombre de trois et remplacent un point final ; ils sont donc suivis d'une majuscule.

Ils indiquent que ce n'est pas terminé. Dans une énumération :
« Elle a rangé les dossiers, les cahiers, les crayons… »

Bon à savoir

Lorsque l'on veut exprimer une suite non terminée, on peut utiliser
« etc. » mais sans les points de suspension. Vous feriez un pléonasme[1] en écrivant : « etc... ».

Ils indiquent un sous-entendu. Dans les deux indications
précédentes, les points de suspension ont une légitimité. Dès
qu'il s'agira de sous-entendre un commentaire désobligeant, ils
n'auront plus leur place dans un écrit professionnel. Évitez donc
d'utiliser les points de suspension pour marquer une quelconque
émotion (agacement, étonnement...) :

EXEMPLES

« À ce jour, votre règlement ne nous est pas parvenu... » ; « Vous nous avez
envoyé trois relances en un mois... »

Et appliquez-vous à toujours terminer vos phrases : la gestuelle
vient appuyer une phrase non terminée à l'oral, ce qui n'est pas le
cas de l'écrit.

Le point d'interrogation / le point d'exclamation

Ils animent le ton, permettent de chambouler le style.

Le **point d'interrogation** vient terminer une phrase de forme
interrogative.

---

1. Emploi simultané de deux termes ayant le même sens (*Larousse*).

Bon à savoir

La forme interrogative

« Tu arrives à quelle heure ? » Ceci n'est pas une forme interrogative.

« À quelle heure arrives-tu ? » Ceci est une forme interrogative par l'inversion sujet-verbe.

« Tu peux me donner ton avis ? » → « Peux-tu me donner ton avis ? »

Encore une précision : « Je me demande si vous avez reçu mon compte rendu » : ceci est une interrogation indirecte et, à ce titre, ne comporte pas de point d'interrogation. Il s'agit tout simplement d'une phrase déclarative (ou affirmative, c'est pareil).

Le **point d'exclamation** sert à exprimer une émotion.

On a dû vous expliquer que, dans la pratique professionnelle, il était préférable de laisser l'expression de ses émotions au placard. Eh bien, dans vos écrits, cela prend tout son sens. Le ton n'y étant pas, vous préférerez exprimer vos attentes en les décrivant plutôt qu'en les montrant par des points d'exclamation.

EXEMPLES

« Répondez-moi ! » → « J'attends votre réponse par retour. »

« Arrêtez de me mettre en copie ! » → « Veuillez sélectionner les informations que vous m'envoyez. »

Et parfois, ils se démultiplient : « Ce compte rendu est magnifique !!!!!!!!!!!!! »

Interprétation : « Mais que d'enthousiasme… ou serait-ce de l'ironie ? Enfin, pourquoi s'esclaffe-t-il ainsi sur mon compte rendu ? »

Cette profusion de points d'exclamation donne la sensation que vous vous esclaffez ou que vous ironisez, ou les deux.

En tant que rédacteurs d'e-mails avertis, je vous encourage à plus de retenue...

Les deux points : vecteurs d'informations et économiseurs de mots

Ils introduisent :

- **l'explication** : « Nous vous proposons une réunion de réflexion : définition du projet, cibles, format. » Mots économisés : *qui permettra la* ;
- **la cause** : « Nous refusons votre dossier : il est incomplet. » Mot économisé : *car* ;
- **la conséquence** : « Votre dossier est complet : nous l'acceptons. » Mots économisés : *ainsi* ou *de ce fait* ou *par conséquent* ;
- **l'énumération** : « Veuillez nous fournir :
  – un devis ;
  – un programme ;
  – un plan d'accès. »
  Mots économisés : *les documents suivants* ;
- **l'opposition** : « Les verbes expriment l'action : les adjectifs expriment des opinions. » Mots économisés : *alors que* ou *en revanche* ;
- **la citation** : « Monsieur Durand a dit : "Il est difficile d'accepter ce contrat." » Mot économisé : *qu'*.

Les parenthèses, les tirets, les crochets, les guillemets

Ils encadrent des citations et isolent des propos complémentaires à l'idée principale ou digressions[1].

---

1. Développement étranger au sujet (*Larousse*).

Les parenthèses

Elles sont utilisées :

- pour le développement de sigles : « TCL (Transports en commun lyonnais) » ;
- pour une précision succincte : « la phrase déclarative (affirmative) ».

Et c'est tout !

La parenthèse est un signe vertical, qui coupe physiquement la lecture, alors que notre graphisme est plutôt horizontal. L'abus de parenthèses ralentit la lecture ; pour autant que le texte entre parenthèses soit lu ! En effet, la plupart des lecteurs en survolent le contenu pour justement éviter d'interrompre leur lecture. Ne comptez donc pas mettre en évidence un sujet entre parenthèses.

Les tirets

- Pour donner une explication, une précision : ils peuvent avantageusement remplacer les parenthèses et vont par paire sauf en fin de phrase.

> **EXEMPLES**
>
> À l'intérieur de la phrase : « Les enfants – de moins de 12 ans – seront accueillis à 9 h 00. »
>
> En fin de phrase : « Les réunions sont longues – même peu importantes. »

- Pour énumérer en colonne.
- Pour marquer le changement de locuteur dans un style direct rapportant une conversation.

> **EXEMPLES**
>
> « – Nous n'avons pas tranché la question, rappela M. Durand.
>
> – Mais nous n'avons pas encore terminé, précisa Mme Dupont. »

Les crochets

Pour signifier une coupure de texte dans une citation. Donc
« difficiles à caser dans un e-mail » pour reprendre l'expression
de Michel, l'un de mes participants.

> **EXEMPLE**
>
> « [...] Ce que l'on conçoit bien s'énonce clairement et les mots pour le dire
> arrivent aisément » (Boileau).

Juste pour vous, voici ce que cachent ces crochets : « Avant donc que
d'écrire apprenez à penser », début de citation que l'on ne mentionne
que très rarement, la deuxième partie étant la plus connue. Cette
citation se prêtait si bien au sujet de cet ouvrage que je n'ai pu résister !

Les guillemets

Ils vont par deux et encadrent une citation (comme vu dans
plusieurs exemples précédemment).

Les guillemets ne doivent pas être utilisés pour vous dédouaner
d'une approximation ! On a bien assez, à l'oral, de mouvements
de doigts indiquant simultanément l'ouverture de guillemets de la
main gauche et la fermeture de la main droite ! À l'écrit, au moins,
vous pouvez (et devez) prendre le temps de chercher le bon mot.

En résumé

La ponctuation est une aide précieuse à la compréhension ; elle
contribue à dynamiser votre style et vous fait gagner des mots
pour alléger vos tournures. Vous n'en retirerez que des avantages… et ce, sans vous encombrer de règles de grammaire. Soyez
donc « ponctué » !

Soignez la présentation

Nous l'avons dit et le redirons, l'e-mail est un écrit, le moins formel de tous, certes, mais nécessitant à ce titre un certain respect des règles de présentation :

- sauts de lignes indispensables ;

- ponctuation ;

- majuscules en début de chaque phrase ;

- voyelles accentuées ;

- choix d'une police confortable pour la lecture à l'écran ;

- prise en compte des possibilités de présentation restreintes sur certains ordinateurs ;

- couleurs neutres : noir, bleu, marron, violet (au choix) ;

- mots-clés en gras pour baliser la lecture et guider l'œil vers les informations importantes.

Vous devez permettre à votre lecteur de lire rapidement votre écrit et lui procurer un confort tel qu'il pourra comprendre à la première lecture et agir suivant votre objectif.

En résumé

La somme de procédés est considérable pour arriver au style approprié. Et pourtant, **c'est grâce à votre style que votre e-mail sera remarqué dans la masse d'e-mails reçus** chaque jour.

Alors, suivez le conseil dit « du petit cercle » pour reprendre l'expression d'Éléonore, l'une de mes participantes, qui a mixé « politique des petits pas » et « principe du cercle de Zorro[1] ». Commencez par de petites choses qui vous sont accessibles et élargissez le cercle au fur et à mesure de l'aisance acquise.

Établissez votre propre liste de contrôle (pour ne pas dire « checklist » puisque j'évite les anglicismes), celle qui correspond le mieux à vos travers et relisez vos e-mails à la lumière de ces points de vigilance. La somme de procédés vous paraîtra alors moins élevée.

---

1. Le « Cercle de Zorro » : il s'agit de l'un des sept principes préconisés par Shawn Achor dans *Comment devenir un optimiste contagieux*, Paris, Belfond.

Étape 5

OBTENEZ CE QUE VOUS RECHERCHEZ

Guidez l'œil de votre lecteur

Chaque lecteur a une façon bien à lui d'aborder un texte. Certains vont lire en diagonale, d'autres vont lire du premier au dernier mot, et d'autres encore ne liront que le début et la fin. Vous ignorez donc la façon dont sera lu votre e-mail mais il est certain que neuf fois sur dix, il sera lu rapidement, autrement dit, survolé.

Qu'est-ce que le survol ?

Grâce à la méthode du survol, un lecteur rapide peut lire jusqu'à cent mille mots à l'heure alors qu'un lecteur moyen ne lit que dix mille à vingt mille mots dans le même temps. Ce qui est communément appelé « lecture rapide ».

Le survol consiste donc à choisir les zones de lecture et à repérer les informations importantes. Survoler consiste donc à oser se détacher du mot à mot et aller directement lire les titres et sous-titres, les mots en gras, les débuts et fins de paragraphes ou de textes.

Observez-vous lorsque vous lisez un magazine : vous choisissez les articles que vous allez lire en fonction de l'intérêt procuré par les gros titres, les encadrés, les phrases en couleur, les photos, etc.

Lorsque l'œil n'est pas attiré par des procédés typographiques[1], il opte pour l'un de ces deux parcours possibles :

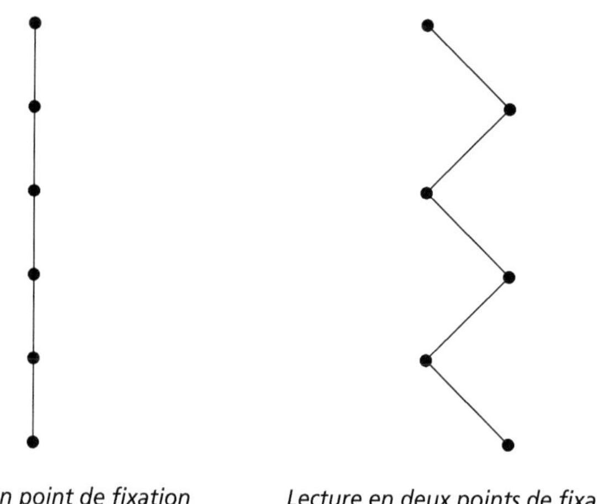

Lecture en un point de fixation   *Lecture en deux points de fixation*

Alors, imaginez-vous en train de faire de savants calculs pour que les informations importantes de votre e-mail tombent soit au centre du texte soit aux extrémités de chaque ligne ? C'est impossible, bien sûr !

Pour vous donner toutes les chances d'attirer l'œil de votre lecteur sur les éléments importants de votre message, il existe une arme infaillible : le mot-clé ou la phrase clé en gras. Vous allez donc guider votre lecteur, à la manière d'un journaliste, en gardant bien à l'esprit que vos mots-clés doivent avoir un rapport avec l'objectif que vous vous êtes fixé au départ.

Qu'est-ce qu'un mot-clé ?

Un **mot-clé** est un mot fortement chargé de sens, formateur d'images, renvoyant à l'idée principale. Les mots ou phrases clés aident à la mémorisation car ils sont issus d'une séquence

---

1. Tels que gras, souligné, couleur, italique, police de caractère différente, surligné…

d'images et lorsque l'on fait appel à eux, on déclenche le retour de ces mêmes images.

Un **mot-outil** est un mot ou groupe de mots difficilement mémorisables et comportant une information capitale et parlante : dates, chiffres, pourcentages, noms propres, citations précises, exemples, anecdotes.

Ces mots pourront utilement être mis en évidence par différents procédés typographiques (gras, couleur, surlignage) afin de donner des repères dans un texte et guider l'œil de votre lecteur pour l'amener à lire les éléments importants de votre message. Évitez de mettre en gras des mots qui, pris isolément, ne donneraient aucune indication.

EXEMPLE

Faites un test : dans l'e-mail ci-dessous, **ne lisez que l'objet et les mots en gras**. Avez-vous pu saisir le sens du message ?

De :	Jean RETIENSPLUS
À :	Toute la hotline
Objet :	**Numéro unique hotline**

Bonjour à tous,

À compter du **18 mars**, la hotline aura un numéro unique : le **36 36**.

Vous devez en **informer vos interlocuteurs avant le 15 février** par e-mail ou téléphone.

Il est important en effet que Nathalie soit déchargée d'un certain nombre d'appels pour pouvoir se consacrer aux propositions commerciales dans le cadre de ses nouvelles fonctions.

Je compte sur **votre bilan de contacts au plus tard le 10 mars** et vous remercie de votre collaboration.

Jean

Tout comme Jean, choisissez bien vos mots importants et n'abusez pas du gras pour lui conserver cet effet attractif.

Choisissez une structure stratégique

Pour obtenir ce que vous recherchez, vous avez besoin d'une stratégie qui serve votre objectif.

À l'oral, vous disposez du ton, de la gestuelle, de vos postures et des mots. Toutes ces composantes peuvent vous dispenser de structurer votre discours et vous permettent surtout de l'adapter en fonction des réactions de votre interlocuteur.

À l'écrit, vous voilà privé de l'image et du son ; il ne vous reste que les mots pour faire passer votre message. Alors, vous allez bien les choisir, les mettre en bonne place dans la phrase et utiliser la ponctuation pour donner le ton voulu. C'est ici que la structuration de votre message prend toute son importance. Même dans un écrit court, vous aurez besoin d'un minimum de structure pour faire comprendre votre logique et amener votre lecteur à vos fins.

Choisissez votre plan
en fonction de votre stratégie

Stratégie n° 1 : provoquer l'action

Il y a trois temps forts dans votre e-mail : **passé → présent → futur**.

• **Passé** : rappel des faits, du contexte.

- **Présent** : demande à formuler, information importante à transmettre, « annonce », contretemps, contrainte, formulation d'un refus…
- **Futur** : solution(s) proposée(s) et modalités de mise en œuvre.

Les deux premiers sont interchangeables : il est parfois plus pertinent de commencer par l'essentiel, le « présent », dans un écrit court, et de rappeler le contexte ensuite.

Le troisième temps est immuable : surtout, gardez bien les solutions et modalités pour la fin de votre message, votre lecteur le mémorisera d'autant mieux et agira d'autant plus que ce sera la dernière chose qu'il aura lue.

EXEMPLE

De :	Jean PRENDSOIN
À :	Équipe sédentaire
Objet :	Réponse enquête bien-être

Bonjour à tous,

Vous avez reçu ce formulaire à compléter dans le cadre d'une enquête « bien-être » menée par notre cabinet partenaire « La santé au travail » le 2 janvier. **[rappel du contexte]**

Votre réponse nous est indispensable pour connaître **vos** souhaits en la matière et adapter de nouvelles installations à **vos** besoins, tels que salle de détente, luminothérapie… **[demande – contrainte]**

Aussi, **veuillez** renvoyer votre formulaire complété **avant le 28 février** à cette adresse afin que nous analysions **vos** besoins en vue d'une mise en place dès le printemps. **[modalités]**

Comptant sur **votre** collaboration pour nous aider à améliorer **votre** confort au travail,

Jean

Les mots soulignés dans cet e-mail sont des liens hypertextes.

Vous noterez dans cet exemple, outre le plan chronologique, d'autres procédés visant à faire agir :

- les **liens hypertextes** : pour faire agir, mieux vaut faire au lieu de faire faire. Le fait de donner un accès facile aux documents et aux informations favorisera le passage à l'action ;

- les **exemples** : pour rendre votre discours concret et donner à voir des résultats ;

- le **ton affirmé** : par l'impératif de politesse « veuillez », vous serez plus convaincant qu'avec un « nous vous prions de bien vouloir… » (nous en reparlerons plus loin) ;

- les **« vous »** : par huit fois, Jean s'adresse à ses interlocuteurs directement (voir les « vous, vos, votre, veuillez » en gras) pour les impliquer dans l'action plutôt que de mettre lourdement l'accent sur sa bonne intention ;

- une **échéance précise** : plutôt que « le plus rapidement possible », nous trouvons une date butoir en fin de message.

Stratégie n° 2 : convaincre

Il y a trois temps forts dans votre e-mail :

avantages – inconvénients – solution(s) préconisée(s).

La démonstration par l'opposition est un moyen rapide de convaincre un interlocuteur, aussi bien à l'écrit qu'à l'oral d'ailleurs. Vous l'utilisez tous les jours sans même en être conscient. Alors, réalisez que vous faites de la prose sans le savoir et pratiquez sciemment l'opposition, pour convaincre.

L'opposition peut d'ailleurs se décliner bien au-delà du simple rapport avantage/inconvénient :

- avant/après ;
- du général au détail (exemple : texte de loi → cas particulier) ;
- contrainte/solution ;

- réussites/échecs ;
- bilan/perspectives ;
- diagnostic/remèdes.

Il est indispensable de terminer par la solution préconisée afin d'aider votre interlocuteur à agir.

Les trois temps forts peuvent aussi être :

faits – opinions – solution(s) préconisée(s).

Il est reconnu que lorsque l'on se fonde sur des faits, on est plus convaincant. Si vous souhaitez convaincre en donnant votre opinion, commencez par vous appuyer sur des faits (données chiffrées, dates, références, échéances, pourcentages…) avant d'avancer votre opinion. La solution préconisée n'en sera que plus crédible.

Stratégie n° 3 : informer

On utilise une méthode ancestrale : le plan QQQOCP,

qui ? quoi ? quand ? où ? comment ? pourquoi ?

Cette méthode est dite :

- de l'hexamètre (hexa = 6, comme les six questions posées) ;
- du questionnement de Quintilien (professeur de rhétorique romain du 1er siècle après J.-C.) ;
- de la grille de Laswell (méthode 5W – 1948) ;
- ou tout simplement de l'exposé que vous faisiez à l'école…

Elle permet de structurer le contenu et la forme d'une communication sans risquer d'en oublier un aspect. Elle permet d'aborder un sujet sous tous ses angles d'une façon pédagogique[1] afin d'informer au mieux votre lecteur. Et un lecteur bien informé est un lecteur… convaincu… et qui agit !

---

1. Ou « didactique » pour les puristes, le terme « pédagogique » étant réservé à l'éducation des enfants.

Commencez par faire provision de questions, elles seront vos guides pour la structuration de votre message.

Qui ?	Qui est concerné ? À qui est adressé le message ? Qui va agir ?
Quoi ?	Quel est le sujet principal de la communication ? Quel est le contexte ?
Quand ?	Quelles seront les échéances, dates, indications de temps en général, à fournir ?
Où ?	Quelles seront les indications de lieu à fournir ?
Comment ?	Quelle est la stratégie choisie par le rédacteur ? Quel plan va-t-il choisir pour parvenir à son objectif ?
Pourquoi ?	Quel est l'objectif visé par cette communication ?

Montrez votre logique avec les mots de liaison

Voici un texte dépourvu de liaisons et de paragraphes :

De :	Jaime RELIER
À :	Comité de liaison
Objet :	Point sur les commandes en cours

Bonjour à tous,

La réunion avec les fournisseurs a permis de planifier les livraisons. De nouveaux conditionnements de produits ont été étudiés. Nous avons évoqué les différents retards de fabrication et avons pu trouver un terrain d'entente, un accord presque signé. Cette réunion fut très productive. La réunion de la semaine dernière n'a abouti à aucun accord valable, malgré de nombreuses propositions. La réunion de la semaine prochaine avec nos fournisseurs étrangers nous laisse bon espoir.

Jaime

Voici le même texte avec des mots de liaison et des paragraphes :

De :	Jaime RELIER
À :	Comité de liaison
Objet :	Point sur les commandes en cours

Bonjour à tous,

La réunion avec les fournisseurs a permis de planifier les livraisons. **De plus**, de nouveaux conditionnements de produits ont été étudiés.

Par ailleurs, nous avons évoqué les différents retards de fabrication et avons pu, **ainsi**, trouver un terrain d'entente, **voire** un accord presque signé. Cette réunion fut, **en conclusion**, très productive.

En revanche, la réunion de la semaine dernière n'a abouti à aucun accord valable, **malgré** de nombreuses propositions.

Quant à la réunion de la semaine prochaine avec nos fournisseurs étrangers, nous avons bon espoir.

Jaime

Dans le second texte, le lecteur peut se laisser porter par la logique du rédacteur, sans avoir à relire plusieurs fois l'e-mail pour le comprendre.

Je veux attirer votre attention sur l'importance des liaisons : elles permettent de montrer la logique que vous avez échafaudée pour faire passer votre message.

Or, pour que vos mots de liaison soient efficaces, ils doivent être bien choisis pour servir votre raisonnement logique. Il est fréquent de trouver un « néanmoins » pour exprimer une opposition (en revanche) alors que ce terme véhicule une notion de restriction.

EXEMPLES

1. « Je vous accorde la tarification sociale sur votre abonnement de transports en commun. **Néanmoins**, j'ai besoin de votre avis d'imposition pour vérifier vos ressources, conformément au barème édité par le ministère de l'Économie et des Finances. »

> 2. « Je ne peux vous accorder la tarification sociale sur votre abonnement de transports en commun, vos revenus étant supérieurs au barème édité par le ministère de l'Économie et des Finances. **En revanche**, je vous accorde la tarification étudiante au vu de votre situation. »

Dans l'exemple 1, nous avons émis une réserve ; dans l'exemple 2, nous avons établi une opposition.

Voici une liste non exhaustive de mots de liaison classés selon leur signification, à utiliser pour montrer votre logique :

- **addition** : de plus, en outre, aussi ;
- **alternative** : d'une part… d'autre part ; d'un côté… de l'autre ; soit… soit ; ou… ou bien ; ni… ni ; sauf si ; à moins que… ;
- **cause** : parce que, car, en effet, puisque, en raison de, du fait de… ;
- **conséquence** : donc, par conséquent, en conséquence, aussi, ainsi, de ce fait ;
- **gradation** : 1. d'abord, tout d'abord, en premier lieu ; 2. ensuite, puis, en second lieu ; 3. enfin, en conclusion, en définitive, en dernier lieu ;
- **illustration** : en effet, en fait, plus exactement, plus précisément, notamment, par exemple, ainsi, en l'occurrence ;
- **opposition** : au contraire, contrairement à, en revanche, à l'inverse, inversement, à l'opposé, en dépit de, à moins de, malgré, par contre, tandis que (+ indic.), encore que (+ subj.), bien que (+ subj.), quoique (+ subj.) ;
- **renforcement** : par ailleurs, d'ailleurs, voire, également, en outre, surtout, *a fortiori*, bien sûr, mais encore, mais aussi, avant tout ;
- **restriction** : or, cependant, néanmoins, toutefois, pourtant, mais ;
- **juxtaposition** (répondre point par point quand ceux-ci n'ont aucun lien logique entre eux) : à propos de, concernant, au sujet de, quant à, en ce qui concerne.

Gérez efficacement les e-mails conflictuels

Lorsque vous devez vous pencher sur un e-mail compliqué à rédiger, c'est qu'il y a émergence de conflit ou conflit avéré. Les réclamations arrivent par voie électronique de nos jours et prennent souvent la forme d'un e-mail. Rien n'est plus délicat que le traitement d'une réclamation ou l'émission d'un refus. Je vous donne ci-après les bases du traitement d'une réclamation, de façon positive et dans le respect de votre interlocuteur. Objectif à atteindre : apaiser la situation et faire en sorte que vous, comme votre lecteur, en sortiez gagnants. Pari difficile mais possible.

Répondez à une réclamation

Identifiez la préoccupation de votre interlocuteur. Un client énervé est souvent confus dans ses propos. Prenez donc le temps de décrypter ce qui est important pour lui en surlignant les mots-clés qui vous indiqueront l'objet de son mécontentement. Ceci afin de partir sur la bonne piste.

Mettez-vous à sa portée. Montrez à votre interlocuteur que vous comprenez son mécontentement, sans jugement. Vous lui formulerez des excuses, des regrets même si vous n'êtes pas responsable de l'erreur ou du contretemps qu'il a subi. L'essentiel étant de lui montrer de la reconnaissance pour humaniser votre écrit et vous mettre à sa portée.

Bon à savoir

Formules utiles

« Nous comprenons votre mécontentement et vous exprimons tous nos regrets. »

« Nous déplorons ce contretemps et vous transmettons nos sincères excuses. »

« Avec nos sincères regrets quant au désagrément subi. »

Donnez des explications. Pour ne pas sembler vous justifier, vous vous appuierez sur des données vérifiables, des faits tels que chiffres, dates précises, pourcentages, échéances, etc. Ce qui aura pour effet de rassurer votre lecteur sur votre bonne foi.

EXEMPLE

« Cette facture a été réglée par nos soins le [*date*] à l'ordre de votre société, par chèque bancaire [*n°*] sur la banque [*nom*]. Notre compte a été débité de cette somme le [*date*], copie du relevé ci-jointe. »

Évitez : « faites-nous confiance », « rassurez-vous », « nous vous assurons », « ne vous inquiétez pas », « comptez sur nous »…
Préférez : « nous nous engageons à… », donnez des échéances que vous respecterez et engagez-vous sur les actions que vous mènerez vous-même.

Annoncez les modalités. Pour finir sur une ouverture positive, parler de l'avenir, donnez à votre lecteur les modalités de la solution envisageable, celle qui lui donnera la perspective d'une issue possible à son mécontentement. Expliquez ce que vous et lui devez mettre en œuvre pour aboutir à un débouché acceptable pour lui.

Terminez sur une ouverture positive. Votre formule de sortie devra comporter soit :

* un message positif pour les relations que vous entretiendrez à l'avenir ;

* un renouvellement de regrets ;

* un remerciement pour sa compréhension ;

* une satisfaction d'avoir apporté une solution.

Bon à savoir

Formules utiles

« Souhaitant garder votre confiance. »

« Vous renouvelant nos regrets/nos excuses pour ce désagrément. »

« Vous remerciant pour votre compréhension/comptant sur votre compréhension. »

« Souhaitant vous avoir apporté une solution satisfaisante. »

EXEMPLE

E-mail de réponse à réclamation.

De :	Alex CUSE
À :	Jaime CONTESTER
Objet :	Commande n° ... : retard de livraison

Monsieur,

Vous avez reçu votre commande le 5 avril au lieu du 5 mars et nous avez écrit le 6 avril pour nous faire part de votre mécontentement.

Désolés de ce contretemps, nous comprenons votre déception et vous prions d'accepter toutes nos excuses.

Nous tenons cependant à vous expliquer les causes de ce retard. La société de transport a en effet dû faire face à un afflux de demandes d'acheminement, consécutif à la grève du [date].

Nous en subissons aussi les conséquences et n'avons pas manqué de rappeler à l'ordre ce transporteur. À l'avenir, nous nous engageons donc à davantage de prudence.

Souhaitant garder votre confiance, nous vous transmettons nos sincères salutations.

Alex CUSE

En résumé

Humanisez vos réponses aux réclamations en montrant à votre interlocuteur que vous l'avez compris tout en préservant les intérêts et l'image de votre entreprise. Vous aurez établi une relation confortable « gagnant/gagnant » qui vous fera aussi gagner du temps.

Émettez un refus

Vous avez quelquefois la délicate tâche d'émettre un refus par écrit, en l'occurrence par e-mail. Mettez-vous, là aussi, à la place de votre lecteur. Vous avez sûrement un jour reçu vous-même une réponse négative ; souvenez-vous du trajet de votre œil : il est allé chercher la réponse en priorité, sans forcément lire le reste.

Voici les étapes de rédaction que je vous suggère pour garder votre lecteur dans de bonnes dispositions et l'inciter à tout lire.

Situez le contexte, rappelez l'objet de la demande. Indispensable pour que votre lecteur soit tout de suite dans le contexte, qu'il comprenne l'objet de votre message dès les premiers mots. Par exemple : « Vous nous avez écrit le (date) pour nous demander… »

Annoncez le refus et exprimez vos regrets. Si vous voulez que vos explications soient lues, mieux vaut annoncer immédiatement le refus car un lecteur averti est plus disposé à vous lire jusqu'au bout. Maintenir le suspense est contre-productif, soyez-en persuadé. Par exemple : « Nous regrettons de ne pouvoir accéder à votre demande » ; « Hélas, il nous est impossible de répondre favorablement à votre demande ».

Donnez des explications. Comme dans le cas d'une réponse à réclamation, évitez de vous justifier ou de porter un jugement ; appuyez-vous plutôt sur des données tangibles telles que dates, chiffres, échéances…

Proposez une ouverture positive pour laisser votre interlocuteur dans de bonnes dispositions. L'objectif étant de faire oublier ce refus, vous tenterez de rester sur une perspective positive :

EXEMPLES

« Souhaitant pouvoir répondre favorablement à votre prochaine demande. »

« Vous invitant à nous envoyer votre candidature dès avril pour l'année prochaine. »

« Vous pouvez contacter tel organisme qui pourra étudier votre demande. »

Cherchez une solution pour lui, tout comme un vendeur le ferait lorsqu'il n'a pas le produit que vous demandez et qu'il vous donne une indication sur l'endroit où vous pourrez le trouver. Qui n'apprécie pas ce genre de bonne volonté ?

Concluez : vous pourrez reprendre les formules de sortie que je vous ai suggérées pour la réponse à réclamation et les adapter à votre contexte.

En résumé

Annoncez tout de suite le refus afin que vos explications aient une chance d'être lues ; laissez votre lecteur dans de bonnes dispositions en cherchant toujours à le quitter sur une note positive.

Étape 6

PRENEZ CONGÉ

Exploitez la formule de sortie

Rénovez les formules usées

La formule de sortie est cette petite phrase qui précède votre formule de politesse et qui doit figurer dans toute correspondance, aussi courte soit-elle.

> **EXEMPLES**
>
> « Restant à votre disposition pour tout renseignement complémentaire. »
>
> « Vous en souhaitant bonne réception. »
>
> « Vous en remerciant par avance. »
>
> « Dans cette attente. »

Ces quatre formules n'ont pas été choisies par hasard :

- ce sont certainement les plus utilisées ;
- elles sont au participe présent, ce qui alourdit le style ;
- elles ont trop été utilisées : vos lecteurs ne lisent plus vos e-mails jusqu'au bout, sûrs de trouver toujours les mêmes prises de congé.

Je vous suggère donc de réveiller votre lecteur par des formules plus légères et innovantes.

Une formule de sortie a pour fonction :

- d'éviter une prise de congé trop brutale ;
- de permettre de rappeler l'essentiel du message ;
- de véhiculer un dernier message, en rapport avec votre objectif.

Elle doit être conforme au ton de votre e-mail.

Dans le tableau ci-après, je vous livre des formules innovantes pour remplacer ces formules usées :

Formules à bannir	Pourquoi ?	Formules à retenir
Restant à votre disposition pour tout renseignement complémentaire.	Tout d'abord, parce que cette formule « vedette » se trouve au bas de 90 % des e-mails rédigés ; ensuite, parce qu'elle ne véhicule aucun message précis. Bien que correcte dans sa forme, elle ne joue aucun rôle dans votre écrit.	À votre écoute pour compléter vos informations. À votre écoute pour concrétiser ce projet. Espérant vous avoir informé utilement (*formule plus distante pour répondre à une réclamation très virulente*).
Vous en souhaitant bonne réception.	Parce que cette expression est vide de sens et n'apporte rien à la conclusion de votre e-mail (encore une !)… Et toujours parce que nous avons beaucoup moins de doute sur l'acheminement de nos messages…	Remplacez-la par une formule qui véhiculera un dernier message, à adapter au style et servant votre objectif. À choisir parmi toutes les formules proposées dans ce tableau…
Je vous serais reconnaissant de me répondre le plus rapidement possible.	Parce que cette expression n'est pas assez affirmée, vous risquez donc d'attendre longtemps… Sans échéance précise, vous n'obtiendrez que très rarement vos informations en temps voulu.	Veuillez me donner votre réponse (idéalement) avant le… Pouvez-vous me répondre avant le…
Avec mes remerciements anticipés. Vous remerciant par avance de…	Parce que, de mon point de vue, le fait de remercier par avance n'est pas assez affirmatif et peut être parfois « discourtois ». De plus, si vous terminez par des remerciements, il faut que ce soit en adéquation avec le contenu et le ton de votre e-mail.	Avec mes remerciements (renouvelés) pour votre confiance/votre collaboration/votre compréhension/l'intérêt porté à ma demande.

Formules à bannir	Pourquoi ?	Formules à retenir
N'hésitez pas à nous contacter.	Parce que cette expression comporte une négation ; pour terminer sur une note positive, préférez une formule de sortie affirmative.	Nous vous invitons à nous contacter au… Sachez que vous pouvez nous répondre au… (+ *coordonnées*). Votre interlocuteur est à votre disposition au… (+ *coordonnées*).
Au plaisir de vous rencontrer. Dans l'attente du plaisir de nous rencontrer.	Parce que le mot « plaisir » est trop familier et ambigu dans certaines situations professionnelles.	Dans l'attente de notre prochaine entrevue. Dans l'agréable perspective de notre prochaine rencontre.
Comptant sur votre diligence.	Parce que ce moyen de transport n'existe plus… Plus sérieusement, ce mot fait partie d'un vocabulaire désuet, vestige du jargon administratif inadapté à notre temps.	Je compte sur votre réponse pour le… (+ *échéance*). Comptant sur votre contribution/votre coopération. Dans l'attente de votre réponse par retour d'e-mail.
Dans cette attente. Dans l'espoir de…	Encore faut-il attendre quelque chose… Quant à espérer, même si tel est le cas, évitez de l'écrire.	En attendant votre réponse/votre décision/de vos prochaines nouvelles.

Bon à savoir

Veillez à la construction de votre formule de sortie, si vous la liez avec la formule de politesse.

On ne pourra pas écrire : « Dans l'attente de votre réponse, veuillez recevoir mes sincères salutations », car la personne qui reçoit les salutations n'est pas la même que celle qui attend la réponse. **Cette phrase est donc grammaticalement incorrecte.**

En développé, entendez : « Je reste dans l'attente de votre réponse et vous transmets mes sincères salutations » ; là, ce sera la même personne qui attend et qui transmet.

Il en va de même pour d'autres formules, surtout celles comportant un participe présent ; elles ne pourront donc pas être suivies

Étape1 Étape 2 Étape 3 Étape 4 Étape 5 Étape 6 Étape 7

de l'impératif de politesse « veuillez » pour les mêmes raisons. Vous écrirez donc :

- en attendant votre réponse, je vous prie/nous vous prions… ;
- restant à votre écoute, je vous transmets/nous vous transmettons… ;
- avec mes remerciements, je vous prie/nous vous prions… ;
- à votre écoute, je vous prie/nous vous prions…

Adaptez votre formule de sortie au ton de votre e-mail

Il est évident que vous serez amené à choisir la formule de sortie la mieux adaptée au ton de votre e-mail ainsi qu'à votre objectif. Dans le cas contraire, votre lecteur serait déstabilisé par une formule de sortie chaleureuse alors que votre e-mail est rédigé dans un ton plutôt sec. Ce qui enlèverait toute l'efficacité de ce message.

Il serait incohérent de :

- remercier si vous n'avez rien demandé ;
- renouveler si vous n'avez rien annoncé ;
- compter sur de la compréhension si vous n'avez rien refusé ;
- rester à la disposition si vous avez usé d'un ton menaçant ;
- souhaiter bonne réception si vous n'avez rien envoyé ;
- rester dans l'attente si vous n'attendez rien.

J'arrête la liste des incohérences, je crois que vous en avez saisi le principe !

Rappelez l'essentiel du message

C'est l'une des raisons d'être de cette formule, autant l'exploiter pour rappeler à votre interlocuteur le message le plus important de votre e-mail :

- rappeler une échéance, une attente particulière ;
- renouveler des remerciements ;
- exprimer des regrets, des excuses ;
- reconnaître la confiance ;
- compter sur la compréhension ;
- transmettre des souhaits de réussite ;
- etc.

Le fait de rappeler l'essentiel à la fin d'un écrit permet, de plus, une meilleure mémorisation et favorise l'action.

Enfin, dans une situation conflictuelle, cette zone vous laisse une chance de quitter votre interlocuteur sur une note positive.

EXEMPLES

Espérer garder sa confiance.

Souhaiter avoir apporté des renseignements complets, efficaces, utiles.

Inviter à renouveler une demande ultérieurement.

Souhaiter pouvoir l'aider une prochaine fois.

Choisissez la bonne formule de politesse

La formule de politesse, ce sont les derniers mots que votre interlocuteur lira avant de passer à l'action ou avant de répondre à votre attente (je vous le souhaite !). Dans le même esprit que tout ce que nous avons évoqué à propos de l'e-mail, cette formule sera simplifiée et raccourcie par rapport à celle d'un courrier, pour plus de dynamisme et de concision.

Pour ou contre « cordialement » ?

Voici un sujet qui fait débat dans mes salles de formation et au-delà ! La remarque que j'entends souvent est la suivante : « *Je termine tous mes e-mails par "cordialement" mais je ne sais pas si je fais bien. »*

Quelquefois incrusté dans la signature automatique, d'autres fois abrégé en *cdlt* ou *cdt* (oui, certains osent l'avouer !), ou encore… *cdlt* incrusté dans la signature automatique…

Levons tout de suite le doute sur votre meilleur ami « cordialement » en ayant recours à l'étymologie : ce mot fait référence au « cœur », à la « chaleur » et, par extension, à des sentiments d'affection. Vous comprenez donc qu'il ne peut s'adapter à toutes les situations et encore moins être incrusté dans une signature. Le comble étant qu'une rumeur circulerait depuis peu sur le fait que « cordialement » serait dorénavant trop sec…

Tout comme la formule de sortie, vous devrez vous pencher un peu plus longuement sur votre formule de politesse, cette phrase qui vient refermer votre message et laisse une dernière bonne ou mauvaise impression.

Alors, pour ou contre ? Vous pouvez l'utiliser, mais selon le célèbre adage, « à bon escient et avec parcimonie » :

- **à bon escient** : lorsque la situation s'y prête, que vous avez des relations cordiales avec votre interlocuteur, ce qui présuppose que vous le connaissez bien, que vos liens sont amicalement professionnels, et que le ton de votre message est de préférence… cordial ;

- **avec parcimonie** : lorsque vous êtes en panne d'imagination ! Je vous invite à lire la suite pour faire provision de formules de sortie innovantes afin de garder l'intérêt de votre interlocuteur jusqu'à la fin de votre message et profiter encore de cette zone pour communiquer utilement.

Adaptez la formule de politesse
au ton de votre e-mail

Je ne vous aurai pas abandonné trop longtemps sans solution, privé que vous vous trouvez dorénavant de votre formule « passe-partout » de sortie. Voici quelques propositions, toujours pour rénover les formules usées, pour adapter vos nouvelles formules au ton et au style de votre e-mail et, bien entendu, pour transmettre un dernier message.

Relations	Formules recommandées	Interlocuteurs/situations
Amicales	À bientôt Bonne journée Bon week-end Bien à vous Bonne lecture Amitiés Amicalement	Un collègue Une relation professionnelle amicale Un client de longue date
Conviviales	Bien cordialement Bien courtoisement Bien sincèrement Cordiales salutations	Une certaine hiérarchie Un client Toute personne avec qui vous avez de bonnes relations/des relations suivies
Respectueuses	Bien respectueusement Avec tout mon respect Avec mes meilleurs souvenirs	Une certaine hiérarchie Pour marquer un sentiment de respect envers votre interlocuteur (si respect sincère il y a !)
Formelles conviviales	(Bien) sincères salutations Avec mes sincères salutations Recevez mes sincères salutations	Un client en général Une institution (administrations diverses). Une relation de travail
Formelles distantes	Salutations distinguées Salutations	Pour marquer une distance, après un message dont le ton serait plutôt sec, voire menaçant

Il est évident que, dans ce tableau, je n'évoque pas les formules privées que vous êtes libres d'inventer au gré de vos relations amicales et familiales.

Voici une liste non exhaustive des expressions inappropriées au style de l'e-mail :

« Veuillez agréer, Madame, l'expression de mes sentiments distingués. »

« Je vous prie d'agréer, Monsieur, mes salutations les meilleures. »

« Je vous prie de croire, Monsieur, à l'assurance de mes sentiments les meilleurs. »

Etc. (La liste pourrait être très longue !)

En résumé

Dépoussiérez ces formules, **supprimez** ces vieux mots – que l'on manipule assez mal du reste – **écourtez** et **dynamisez** les prises de congé, osez vous démarquer pour être remarqué !

Je vous invite donc à inventer de nouvelles formules, celles qui seront en adéquation avec votre état du moment, le ton de votre message, la relation particulière que vous pouvez avoir avec un interlocuteur. Amusez-vous au lieu de vous ennuyer avec ce pauvre « cordialement ».

Signez

Des mentions indispensables

Comme dans toute correspondance écrite, vous devez signer votre e-mail au moins de votre nom, ou prénom pour les relations plus privées ou amicales.

Vous disposez, dans la plupart des cas, d'un bloc-signature intégré automatiquement à tout e-mail envoyé. Votre signature doit comporter quelques mentions indispensables et permettre de :

- **vous identifier** : nom, prénom, fonction, nom de votre entreprise ;
- **communiquer avec vous** : adresse, numéro de téléphone et toute autre information utile ;
- **véhiculer votre image, promouvoir votre activité** : un logo, un slogan, un lien vers un site internet ou un catalogue ; à ce sujet, veillez à ce que l'image soit uniforme pour tous les collaborateurs dans le cas d'une entreprise ou conforme à votre activité dans le cas d'une profession libérale ;
- **vous prémunir** : une mention juridique, des mentions légales (numéro de Siret, RCS…) si votre e-mail venait à servir de preuve dans un litige.

Vous pourrez ajouter des informations telles que compte Skype, profils sociaux, numéro de téléphone au format international, lignes directes, n° de téléphone mobile si ces informations sont pertinentes pour votre activité, cohérentes avec l'objectif que vous poursuivez et utiles à votre interlocuteur.

Respectez le format

- Limitez-vous à quatre ou cinq lignes.
- Évitez les images trop imposantes ou difficiles à ouvrir par vos interlocuteurs (formats HTML par exemple).
- Évitez les excentricités de graphisme et les dictons « décalés ».
- Évitez « d'incruster » une formule de politesse telle que « cordialement » qui pourrait être totalement inadaptée après un e-mail au ton désagréable.

Vos e-mails ont-ils une valeur juridique ?

L'e-mail est-il un écrit officiel ? De plus en plus… Je vais avoir des difficultés à être affirmative sur ce sujet car la loi est encore floue lorsqu'il s'agit de désigner un e-mail comme preuve juridique en cas de litige.

Ce qui est certain : l'e-mail a toutes les forces d'un écrit et, à ce titre, laisse une trace, surtout si l'émetteur et le destinataire sont clairement identifiables.

La vraie question est : **« L'e-mail peut-il constituer une preuve dans un litige et quelle est sa valeur juridique ? »** À ce jour, le caractère officiel ou la constitution d'une preuve reste à l'appréciation du tribunal compétent, ce dernier s'inspirant bien sûr de décisions similaires ayant fait jurisprudence (arrêté dit « Valette » rendu le 28 décembre 2001). Il est souvent considéré comme **commencement de preuve**, les réseaux électroniques étant jugés peu fiables car facilement manipulables. L'e-mail ne vaut donc pas lettre recommandée à ce jour.

Une solution émerge cependant avec la sécurité combinée de la signature électronique (encore controversée)[1] et l'envoi de l'e-mail *via* un site sécurisé chargé de délivrer un certificat d'émission à l'expéditeur ainsi qu'un certificat de délivrance au destinataire.

La meilleure précaution à prendre actuellement est d'être prudent dans les propos écrits dans un e-mail et de veiller à faire apparaître vos coordonnées en signature. Tout autant que d'avoir une adresse électronique comportant votre nom et le nom de l'entreprise en nom de domaine, le cas échéant.

---

1. « La signature électronique est un dispositif technique, dérivé du cryptage, qui permet d'authentifier les messages […] avec votre clé privée » (*source : www.arobase.org*).

Pour finir, il est évident que vous recourrez à l'envoi postal en recommandé pour toutes vos démarches administratives à caractère officiel.

En résumé

Votre signature vous représente, vous permet de donner accès à vos coordonnées facilement et peut être un moyen de promouvoir votre activité. Restez sobre, uniforme, cohérent et efficace. Tout en gardant à l'esprit que votre signature pourrait attribuer une valeur juridique à votre e-mail en cas de litige.

Étape 7
Vérifiez avant d'envoyer

Évaluez la lisibilité de votre e-mail

Encore une petite astuce : calculez l'indice de lisibilité, appelé aussi « indice de Gunning[1] ».

Des chercheurs américains, de par leur expérience en mailing, ont inventé une équation permettant d'évaluer la lisibilité d'un texte et la faculté à le comprendre par la cible choisie :

$$I = (NM + \% \ MD) \times 0{,}4$$

I = valeur de l'indice – devant être comprise entre 6 et 12 pour une lisibilité correcte (6 pour le grand public et 12 pour un public averti).

NM : nombre moyen de mots par phrase (= total des mots du texte/nombre de lignes).

MD : pourcentage des mots estimés difficiles à comprendre à la première lecture (termes techniques et/ou spécifiques à un métier, anglicismes, abréviations, sigles, jargon, barbarismes, mots vides de sens dits « bateaux »…).

0,4 : facteur corrélatif établi après de multiples tests.

Faites le test avec l'e-mail ci-après.

---

1. D'après Pascaline Oury dans *Rédiger pour être lu*, Éd. De Boeck Université.

De :	Jenny Comprendsrien
À :	Groupe de formateurs
Objet :	Nouveau **process**

Mesdames, Messieurs les formateurs,

Pour initier un nouveau **process impactant** vos interventions, nous vous proposons un événement sur le **resoursencing** en mars prochain. La **dynamique** du « Y » est un parcours qui permet une **conscience collective** et le développement de nouveaux modes **d'émergence** des meilleures solutions de **prévencing**.

Cette approche **collaborative** insuffle une **implémentation** des **process impactant** les mises à jour **on line** de vos **back-up**. Vous pouvez vous **logger** sous un nouveau **password** pour le tester et **zipper** votre profil.

La **dead-line** est pour le 15 juin. Donc, faites-le **asap**. Aussi, pensez à **incrémenter** vos **private data** pour plus d'efficacité.

Jenny

Nombre de mots dans le texte (y compris l'objet) : 105

Nombre de lignes complètes : 8

Soit NM = (105/8) **13,125**

Nombre de mots difficiles à comprendre : 22 (en gras dans le texte)

Soit % MD = (22/105 × 100) **20,95 %**

Faites les comptes : I = [(13,125 + 20,95) × 0,4] = **13,63**

I = (NM + % MD) × 0,4 (compris entre 6 et 12) ; l'indice du texte étant supérieur à 13, cet e-mail est difficilement lisible et compréhensible.

Utilisez la méthode « ardoise magique » pour vous relire

Entre la rédaction du premier jet de votre e-mail et la correction du fond et de la forme, vous pratiquerez la méthode dite de « l'ardoise magique ».

Une fois votre e-mail rédigé, laissez-le « reposer » quelques minutes puis revenez dessus pour effectuer une relecture critique. Si vous ne disposez pas du temps de « repos » nécessaire, faites tout autre chose, même si cette tâche ne prend que quelques secondes. L'hémisphère gauche du cerveau nous permet d'écrire, et c'est avec l'hémisphère droit que l'on peut relire efficacement. Pour changer d'hémisphère, il faut « abandonner » sa production quelques instants. Puis vous reviendrez dessus, avec un œil neuf, pour observer :

- dans un premier temps, **les fondations** :
  - les éléments de votre argumentation,
  - la logique,
  - les redondances et répétitions ;
- dans un deuxième temps, **les agencements** :
  - la forme et la longueur de vos phrases,
  - les mots choisis, les synonymes à rechercher ;
- dans un troisième temps, **les finitions** :
  - les fautes d'orthographe,
  - la ponctuation,
  - la présentation : mots-clés à mettre en évidence, sauts de lignes…

Et vérifiez à deux fois que vous avez bien joint les documents annoncés… en pièces jointes !

J'ai, à cet endroit, une petite pensée pour Michel, l'un de mes sympathiques participants, qui m'a dit un jour : « *Lorsque j'appuie sur la touche "envoi", les informations sont immédiatement transférées dans mon hémisphère droit et les fautes me sautent aux yeux. »* Si vous êtes comme Michel, envoyez votre e-mail à votre propre adresse, vous éviterez ainsi les maladresses !

*

J'ai envie d'insister un peu lourdement sur l'importance de veiller à supprimer toute faute d'orthographe de vos e-mails. J'ai tant de choses à dire à ce sujet ! Aussi, je vous ai réservé un supplément dédié aux fautes d'orthographe relevées dans les e-mails que je vous invite à consulter à la fin de cet ouvrage.

GÉREZ EFFICACEMENT VOTRE BOÎTE MAIL

Le constat est clair : nous recevons trop d'e-mails et passons trop de temps sur notre boîte électronique. Entre interruptions et urgences, l'e-mail met à mal notre organisation quotidienne. Voici quelques conseils pour mieux gérer votre boîte électronique.

Conseil n° 1 – Prenez du recul pour mieux vous organiser

Vous arrivez le matin (ou revenez de congés), vous ouvrez votre messagerie et vous avez le choix entre vous laisser immédiatement débordé par le flux de courriers électroniques entrants ou rester maître de la situation… Voici la marche à suivre.

1. Balayez du regard toute la liste

Nom des expéditeurs et objets, pour avoir une vue d'ensemble.

2. Triez selon le principe suivant

- **Je peux traiter en moins de deux minutes :** ce qui est fait n'est plus à faire ! Je traite immédiatement.
- **Il me faudra plus de temps, je priorise :** affectez l'e-mail à une tâche et mettez une échéance et un rappel. Erreur à ne pas commettre : mettre en « non lu » et revenir plus tard (ça fait mal à la mémoire !). Recommandation pour *éviter du stress* : informer votre interlocuteur de la bonne réception et lui donner une échéance approximative de traitement, en lui envoyant par exemple un message du type « J'ai bien reçu votre demande et

vous en remercie. Je prévois de vous envoyer une réponse d'ici le (date) ».

- **Ce sera intéressant, mais plus tard** : transférez ce qui ne vous concerne pas, supprimez ce qui doit l'être tout de suite, classez les éléments à lire plus tard (newsletters, articles, notes d'information...).

3. Relativisez

Rendons à l'e-mail ce qui est à l'e-mail, c'est-à-dire ses propriétés d'outil de communication écrite, certes le plus facile à utiliser et le plus pratique des écrits professionnels. Mais attention, méfions-nous de toutes les dérives que nous lui faisons subir.

- **Cet outil n'a pas été créé pour générer du stress** : ce n'est pas parce que ça arrive par mail que c'est urgent... ou qu'il faut traiter tout de suite... même si votre interlocuteur a mentionné « urgent » dans l'objet (mais pour qui est-ce urgent, au fait ?).

- **Cet outil n'a pas été créé pour nous condamner à l'immédiateté** : nul n'est tenu de répondre à un e-mail sur-le-champ... Si vous attendez une réponse urgente, téléphonez ou déplacez-vous, ce sera plus approprié.

- **Cet outil n'a pas été créé pour servir de « parachute »** : *exit* les e-mails de confirmation de ce que l'on s'est dit dans le couloir ! Oui, c'est une bonne trace écrite mais évitons d'en abuser, cela finit par se voir !

- **Cet outil n'a pas été créé pour déranger les collègues la nuit ou les week-ends** : sachez respecter le droit à la déconnexion et n'envoyez plus d'e-mails pendant le temps privé de vos interlocuteurs. Certaines messageries proposent dorénavant une fonction « livraison différée » (dans Outlook, par exemple), à utiliser sans modération.

Conseil n° 2 – Pratiquez la lecture contrôlée

La lecture contrôlée vous permettra de vous détacher de votre boîte de réception pour mieux vous consacrer à vos tâches quotidiennes importantes :

- consultez votre boîte aux lettres en arrivant le matin et suivez les conseils de traitement ci-dessus ; il est recommandé d'y passer dix minutes maximum ;
- puis fermez votre boîte aux lettres électronique ;
- consultez-là à heures fixes ou à chaque fois que vous terminez une tâche avant d'en commencer une autre ;
- communiquez avec votre entourage sur votre nouveau fonctionnement.

Conseil n° 3 – Préparez vos absences

Existe-t-il un moyen d'échapper au stress de la rentrée, vécu par tant de salariés croulant sous les e-mails dès leur retour de congés ? Les conseils qui suivent sont valables avant votre départ en congés mais pourraient l'être pour votre pratique courante, tout au long de l'année.

1. Anticipez

Si vous laissez en plan des affaires non résolues, ne vous étonnez pas d'être dérangé au moment où vous ne le souhaiteriez pas ! Alors, anticipez tout ce qui peut l'être et traitez ou déléguez avant de vous absenter.

2. Éduquez

À quoi sert d'être mis systématiquement en copie de tous les e-mails envoyés par votre équipe ? Communiquez et habituez votre entourage professionnel à vous faire des synthèses d'information plutôt qu'un déversement au fil de l'eau.

3. Nettoyez

Supprimez, transférez, créez des règles de classement automatique, affectez une priorité de traitement à vos e-mails au fur et à mesure de leur arrivée ; ne partez pas en vacances avec une boîte déjà encombrée : pollution visuelle assurée au retour !

4. Communiquez

Comme beaucoup l'ont bien compris, l'e-mail d'absence est désormais indispensable. Un message simple comportant au moins les informations suivantes :

- **annoncez une période bien définie** : « *Je suis absent(e) du... au...* » ; attention, n'agacez pas votre correspondant en parlant de « congés », de « vacances » ou encore de « pieds en éventail ». Évitez également de mentir sur votre date de retour (un jour après pour être tranquille), votre interlocuteur verra bien vos confirmations de lecture ;
- **prévoyez un relais en votre absence** : si vous avez un homologue avec qui vous formez un parfait binôme, donnez son nom et ses coordonnées afin de ne pas laisser les affaires urgentes en souffrance.

Choisissez le bon mode de communication : e-mail ou téléphone ?... ou SMS ?

Nous disposons, dans ce XXIe siècle, d'une multitude de moyens de communication. Grâce à vos smartphones, vous avez à votre disposition trois moyens de vous faire entendre : le téléphone, l'e-mail et le SMS. Alors, comment choisir ?

Le téléphone : immédiateté… avec des contraintes

Il est le moyen le plus rapide d'atteindre vos correspondants et d'obtenir une réponse immédiate (avec un peu de chance). C'est une interruption dans le travail mais on ne dérange pas lorsque l'on appelle quelqu'un… surtout s'il accepte de décrocher. Donc, dans l'urgence, téléphonez.

D'autre part, si vous avez une mauvaise nouvelle à annoncer, mieux vaut le faire au téléphone, voire de vive voix, afin de vous adapter à la réaction de votre interlocuteur, ce que l'écrit ne vous permet pas.

L'e-mail : traçabilité… avec des codes

Il permet justement de ne pas interrompre vos correspondants… Du moins, c'était prévu ainsi au départ. Ils peuvent le consulter à un moment choisi dans leur journée de travail. Il permet également de laisser une trace écrite, au contraire d'une conversation téléphonique, et de joindre des documents, le cas échéant.

Le SMS (*short message service*) : simplicité… avec des restrictions

Il est réputé être le moyen le plus simple de communiquer :

- il est dépourvu des formules d'usage ;
- dans un espace restreint, donc peu de rédaction et rapide à réaliser ;
- avec une réponse dans les deux heures en moyenne.

Moins formel, le SMS est donc réservé, en général, à l'usage privé, voire à un cercle professionnel restreint et dans ce cadre, très utile si l'on sait que son interlocuteur n'a pas accès à ses e-mails et que l'on a besoin de le joindre.

« 52,5 milliards de sms/mms ont été envoyés en France, au dernier trimestre 2015, selon l'Arcep (…) même si la croissance n'est plus comparable à celle des années précédant 2012[1]. »

Attention, utilisez le langage SMS avec modération : il abîme l'orthographe car les terminaisons sont souvent tronquées ou réduites à une seule sonorité. Le *é*, utilisé pour « et », « ais », « ait », « ez », « er »…

Il a cependant l'avantage de développer la créativité dans l'invention de toutes sortes de procédés abréviatifs : l'**apocope** (« auj » pour aujourd'hui), l'**acrostiche** (« mdr » pour mort de rire), les **squelettes de mots** dans lesquels il ne reste que les consonnes (« bcp » pour beaucoup), les **majuscules phonétiques** (« G » pour j'ai), les consonances françaises ou anglaises de **chiffres** (« 2M1 » pour demain, et « 2D » signifiant *Today*…) et de **lettres** (« U » pour you)… Tout un art !

---

1. *JDN,* article rédigé par la rédaction (7 avril 2016).

60 FAUTES D'ORTHOGRAPHE RELEVÉES DANS LES E-MAILS

Une liste non exhaustive

Je vous propose ci-après les réponses aux questions d'orthographe posées par mes participants lors de formations sur les e-mails. Je vais tenter de vous donner la règle grammaticale et une astuce pour retenir de façon durable.

Sur ce modèle, je vous encourage à trouver un petit truc mnémotechnique qui vous permettra de retenir l'orthographe de certains mots, accords compliqués et autres particularités essentiellement utilisées dans vos e-mails.

1. J'ai envoyé ? envoyés ? les documents demandé ? demandés ?

RÉPONSE : J'ai envoy**é** les documents demand**és**.

RÈGLE :

- *envoyé* : le participe passé ne s'accorde pas avec le sujet lorsqu'il est précédé de l'auxiliaire *avoir*.

- *demandés* : le participe passé se comporte là comme un adjectif qualificatif et s'accorde en genre et en nombre avec le nom *documents* qu'il qualifie.

ASTUCE : remplacez les verbes du 1er groupe comme *envoyer* et *demander* par un verbe du 3e groupe comme *prendre* dont la terminaison s'entend. Par exemple : *Les sommes que vous nous avez envoyées (prises)*.

2. Si vous venez, je vous ferai ? ferais ? visiter la ville.

RÉPONSE : Si vous venez, je vous **ferai** visiter la ville.

RÈGLE : à la première personne du singulier *je*, vous n'entendez pas la différence de conjugaison entre le futur et le conditionnel :

- si suivi du présent → futur : *si vous* **venez**, *je vous* **ferai** *visiter la ville* ;
- si suivi de l'imparfait → conditionnel : *si vous* **veniez**, *je vous ferais visiter la ville.*

ASTUCE : remplacez la première personne du singulier *je* par *nous* et vous entendrez la différence de conjugaison : *si vous venez, nous vous fer***ons**... ou : *si vous veniez, nous vous fer***ions**...

─────

3. J'ai fait ? fais ? faite ? une liste des participants.

RÉPONSE : J'ai fait une liste des participants.

RÈGLE :

- *fait* : le participe passé du verbe *faire* est ici conjugué au passé composé : auxiliaire *avoir* + participe passé ;
- *fais* : forme présent de l'indicatif du verbe faire aux 1re et 2e personnes du singulier. *Je fais – tu fais.* Faux dans ce cas ;
- *faite* : participe passé au féminin. Faux dans ce cas puisque le participe passé ne s'accorde avec le COD que lorsqu'il est placé avant l'auxiliaire *avoir* ; or la liste est placée après. Il aurait fallu avoir la phrase suivante : *La liste que j'ai faite.*

ASTUCE : neuf fois sur dix, vous écrirez *fait* lorsque vous conjuguerez le verbe *faire* au passé composé. Le verbe *faire* est en effet un verbe « bateau », il est donc souvent suivi d'un infinitif pour lui apporter du sens. Une fois sur dix seulement, vous aurez à vous poser la question de l'accord (statistiques rassurantes ! – voir règle n° 13 en complément).

─────

4. Elle a transmis des documents intéressant ? intéressants ? les commerciaux.

RÉPONSE : Elle a transmis des documents **intéressant** les commerciaux (il s'agit là d'un participe présent et non d'un adjectif verbal).

Règle : lorsque vous pouvez répondre à la question « qui ? » ou « quoi ? » après un verbe se terminant par –*ant*, c'est qu'il est suivi d'un COD. Dans ce cas, il est au participe présent, donc invariable.

Astuce : remplacez *documents* par un nom commun féminin du type « documentation » et voyez si cela génère un accord : toujours pas → *elle a transmis des documentations intéressant les commerciaux.* En revanche, en enlevant le complément d'objet direct *commerciaux, intéressant* devient un adjectif verbal et s'accorde avec le nom qu'il qualifie. Cela donnerait : *Elle a transmis des documents intéressants/des documentations intéressantes.*

---

5. J'aurai ? j'aurais ? besoin d'une réponse avant le...

Réponse : **J'aurais** besoin d'une réponse avant le…

Règle :

- s'il s'agit de demander de façon diplomatique – dans ce cas, le verbe *avoir* est conjugué au conditionnel ;
- s'il s'agit d'une demande plus impérative – dans ce cas, le verbe *avoir* est conjugué au futur.

Cependant, dans cette formulation, le conditionnel est préféré au futur.

Astuce : remplacez *j'aurais* par *nous aurions* pour vérifier qu'il s'agisse bien d'un conditionnel dit de politesse.

---

6. Je vous transfert ? transfère ? ces documents.

Réponse : Je vous **transfère** ces documents.

Règle : il s'agit du verbe *transférer*, premier groupe, la terminaison est donc toujours *e* aux 1re et 3e personnes du singulier.

Astuce : réservez le *t* au nom commun, *transfert*, que vous pouvez remplacer par « transmission »… qui commence par un *t*. Alors que le verbe conjugué au présent *je transfère* se termine par un *e* comme « j'envoie »… qui commence et se termine par un *e*.

---

7. Je vous serais ? saurais ? gré de m'accorder un rendez-vous.

Réponse : Je vous **saurais** gré de m'accorder un rendez-vous.

Règle : il s'agit du verbe *savoir* conjugué au conditionnel présent et non du verbe *être*.

Astuce : mettez l'expression au présent (*je vous sais gré*) et vous n'aurez aucun doute sur le verbe employé.

---

8. À l'attention ? à l'intention ? du service commercial.

Réponse : les deux peuvent être justes, tout dépend du contexte, je vous invite à lire la suite.

Règle/astuce :

- remplacez *à l'intention de* par « spécialement préparé pour », expression utilisée en général pour un groupe de personnes. Par exemple : *note d'information à l'intention du service commercial* ;
- remplacez *à l'attention de* par « destiné à attirer l'attention », expression utilisée en général pour un interlocuteur en particulier. Par exemple : *courrier à l'attention du directeur commercial*.

Cela étant expliqué, neuf fois sur dix, vous écrirez *à l'attention de* dans vos correspondances écrites.

---

9. Je vous prie de croire à ? croire en ? mon sincère dévouement.

Réponse : Je vous prie de croire **en** mon sincère dévouement.

Règle :

- *croire en* exprime un acte de foi, l'expression de la persuasion sur une vérité/un sentiment. Par exemple : *je crois en votre courage* ;

je vous prie de croire en mon sincère dévouement/en l'expression de mon respect…

- *croire à* exprime le fait d'avoir confiance en quelque chose. Par exemple : *je crois à l'avenir, je crois à la science-fiction ; je vous prie de croire à mon meilleur souvenir, à mes meilleures salutations.*

Non : *je vous prie de croire en mes salutations* (qui ne sont ni une vérité ni un sentiment).

Astuce : évitez d'utiliser ce verbe dans vos formules de politesse ; il est trop inadapté au style rédactionnel actuel.

――――――

10. En tout cas ? en tous cas ? je vous suis très reconnaissant.

Réponse : **En tout cas**, je vous suis très reconnaissant.

Règle/Astuce : remplacez *tout* par *chaque, chaque* étant singulier, *tout* l'est aussi.

――――――

11. Les règlements dus ? dûs ?

Réponse : Les règlements **dus**.

Règle/Astuce : l'accent circonflexe tire sa révérence dès qu'une voyelle ou une consonne arrive pour marquer un accord. Par exemple : *des sommes dues, des règlements dus…* mais *un règlement dû.*

――――――

12. Comme nous en sommes convenus ? avons convenu ?

Réponse : Comme nous en **sommes** convenus.

Règle/Astuce : *convenir* se conjugue avec l'auxiliaire être lorsqu'il a le sens de « se mettre d'accord » alors qu'il se conjugue avec l'auxiliaire avoir dans le sens de « plaire ». Par exemple : *Nous sommes convenus d'un entretien le 12 mars à 10 heures* **mais** *ce travail a convenu à nos clients.*

13. Les modifications que j'ai fait ? faites ? appliquer.

RÉPONSE : Les modifications que j'ai **fait** appliquer.

RÈGLE : lorsque le participe passé *fait* est suivi d'un infinitif, il ne s'accorde jamais avec le COD, même s'il précède l'auxiliaire *avoir*.

(Voir règle complète et astuce n° 3.)

14. Les factures ci-jointes ? ci-joint ? sont à régler.

RÉPONSE : Les factures ci-joint**es** sont à régler.

RÈGLE : comme je l'ai évoqué dans le paragraphe « La virgule » (p. 62), lorsque *ci-joint* se trouve après le nom qu'il qualifie, il devient adjectif et s'accorde. Alors que lorsqu'il se trouve avant, il est adverbe et reste invariable. Par exemple : *veuillez trouver ci-joint les dossiers annoncés.*

ASTUCE : tant que vous ne savez pas ce qui est joint, vous ne pouvez pas accorder.

15. Vous nous avez interrogez ? interrogé ? interrogés ? interroger ?

RÉPONSE : Vous nous avez interrog**és**.

RÈGLE :

- *interrogé* : hormis certains contextes (juridique ou noblesse, par exemple), *nous* COD placé avant *avoir* provoque l'accord au pluriel du participe passé ;
- *interrogez* : le *z* peut être « contagieux » et vous pouvez être tenté de mettre un *z* à cause de l'auxiliaire *avez* ;
- *interroger* : le verbe est ici conjugué au passé composé, soit auxiliaire *être* ou *avoir* + participe passé, l'infinitif est donc impossible.

ASTUCE : remplacez les verbes du 1ᵉʳ groupe par un verbe du 3ᵉ groupe comme *surprendre* et mettez au féminin ; dans ce cas, vous entendez l'accord : *vous nous avez surprises.*

16. Rappelles-moi ou rappelle-moi ? Donnes-moi ou donne-moi ?

RÉPONSE : Rappelle-moi. Donne-moi.

RÈGLE : pour les verbes du 1ᵉʳ groupe en *–er*, la forme « impératif présent singulier » ne comporte pas de s sauf si, par euphonie, vous avez besoin de faire une liaison. Par exemple : *Donnes-en un à ton voisin, rappelles-en les grandes lignes.*

ASTUCE : dans *passe-moi le sel*, le s n'est que dans le sel.

17. C'est moi qui fera ? ferai ?

RÉPONSE : C'est moi qui fe**rai**.

RÈGLE : dans le cas de *qui* sujet, accordez le verbe avec le pronom qui le précède. Par exemple : *C'est **nous** qui **parlerons** les premiers ; c'est **eux** qui **viendront** à Paris.*

ASTUCE : considérez *qui* comme transparent.

18. Deux heures et demie ? et demi ? et demies ?

RÉPONSE : Deux heures et demi**e**.

RÈGLE : *demi* ne connaît que le féminin ou le masculin et ignore le pluriel ; on ne peut donc jamais écrire *demies* en tant qu'adjectif.

EXEMPLE : *deux pains et demi* (*demi* est au masculin mais ne prend pas la marque pluriel de *pains*).

ASTUCE : *demi* est inférieur à un, donc ne peut être mis au pluriel.

19. Mille cents euros ? mille cent euros ? milles cents euros ?

RÉPONSE : Mille cent euros.

RÈGLE :

* *mille* est toujours invariable ;
* *cent* ne s'accorde que lorsqu'il est multiplié et à la fin d'un nombre.

ASTUCE : poser l'opération avec des chiffres. Dans ce cas, 1 000 + 100 est une addition et non une multiplication.

20. J'ai eu un contretemps ? contre-temps ? contre temps ?

RÉPONSE : J'ai eu un **contretemps**.

RÈGLE : lorsque le préfixe *contre* est collé à un mot, il se lie généralement à ce dernier par un tiret.

EXEMPLES : *contre-allée, contre-courant, contre-visite, contre-attaque, contre-exemple, contre-expertise, contre-indication, contre-jour.*

EXCEPTIONS : *contretemps, contrordre, contrecoup, contrecœur, contravis, contrebas, contresigner, contrevérité, contrebande, contrecarrer, contredire, contrefaire, contrepartie, contrepoids, contresens…* (il y en a d'autres, je vous ai noté là les mots que vous avez le plus de chances d'utiliser dans vos e-mails).

CONSEIL : vérifiez dans le dictionnaire si vous avez un doute…

21. Je suis sensé ? censé ? vous surveiller.

RÉPONSE : Je suis **censé** vous surveiller.

RÈGLE : le verbe *censer* vient du latin *censere* qui signifie « dénombrer » mais aussi « estimer » et c'est ce deuxième sens qui a été retenu pour donner sa signification à *censer*.

EXEMPLE : *nul n'est censé ignorer la loi.*

ASTUCE :

- remplacez *censé* par « estimé, réputé, présumé » ;
- remplacez *sensé* par « fait preuve de bon sens ».

22. Pour toute information complémentaire ? toutes informations complémentaires ?

RÉPONSE : Pour toute information complémentaire.

RÈGLE : tout le groupe nominal est au singulier car *toute* signifie *chaque* dans ce cas.

ASTUCE :

- si vous pouvez remplacer par *chaque* : *tout/toute* est au singulier ;
- si vous pouvez remplacer par *tous/toutes les* : *tout/toute* est au pluriel.

EXEMPLE : *tarif tous publics* (tous les)/*sandwich à toute heure* (chaque).

23. Exceptés ? excepté ? ces dossiers, je serai à jour.

RÉPONSE : Excepté ces dossiers, je serai à jour.

RÈGLE : *excepté* placé en début de phrase ou avant le nom qu'il qualifie a la fonction d'adverbe et reste invariable.

ASTUCE : tant que l'on ne connaît pas le nom à qualifier, il vaut mieux rester invariable.

24. Vous pouvez tirer parti ? partie ? de cette rencontre.

RÉPONSE : Vous pouvez tirer **parti** de cette rencontre.

RÈGLE : dans les locutions verbales, « tirer parti » ou « prendre parti », *parti* est au masculin. Dans les locutions verbales « faire partie de » ou « prendre à partie », *partie* est au féminin.

Astuce : rapprochez *parti* d'une autre expression au masculin :

* *tirer parti* : tirer profit de ;
* *prendre parti* : faire le choix de ;

« profit » et « choix » étant des noms de genre masculin.

---

25. Je vérifie sur ? dans ? le dictionnaire.

Réponse : Je vérifie **dans** le dictionnaire.

Règle/astuce :

* lorsqu'un document comporte plusieurs, voire de nombreuses pages, on utilise *dans* ;
* lorsqu'un document est composé d'une page unique, voire deux ou trois, on utilise *sur*.

Exemple : *Je consulte les noms sur la feuille d'émargement ; Je vérifie dans la liste des invités.*

---

26. Presqu'après ? presque après ? votre départ.

Réponse : Presqu**e** après votre départ.

Règle : *presque* ne s'élide que devant *île* pour donner *presqu'île*.

Astuce : *presque* reste entier sauf dans le cas d'une presqu'île, en définitive une île qui ne tient qu'à une… apostrophe.

---

27. Comme annoncer ? annoncé ? hier...

Réponse : Comme annonc**é** hier…

Règle : *annoncé* est ici un participe passé faisant partie de l'expression écourtée « je vous l'ai annoncé ».

Astuce : remplacez *annoncé* par un verbe du 3e groupe pour entendre l'infinitif ou pas. Par exemple : *comme prévu*.

28. J'ai été ? étais ? surprise.

Réponse : J'ai **été** surprise.

Règle : *été* est le participe passé du verbe *être*, ici conjugué au passé composé ; *étais* est l'imparfait du verbe *être* à la première ou deuxième personne du singulier.

Astuce : comme *été* et *étais* pourraient se confondre en sonorités, remplacez *été* par un autre verbe au participe passé. Par exemple : *j'ai vu* et non *j'ai voyais*. Vous réaliserez ainsi qu'il ne s'agit pas de la forme imparfait du verbe *être*.

29. Vous vous êtes rencontrés ? rencontré ?

Réponse : Vous vous êtes rencontré**s**.

Règle :

- avec les verbes **toujours pronominaux** : le participe passé s'accorde systématiquement avec le sujet de la phrase. Par exemple : *ils se sont enfuis* (le verbe *s'enfuir* n'existe pas sans le pronom *se*), *elles se sont blotties* ;

- avec les verbes **accidentellement pronominaux** (comme *laver* et *se laver*), se poser les questions suivantes :
  - y a-t-il un COD ? Si oui, pas d'accord ; si non, passez à la question suivante.
  Par exemple : *elles se sont lavé* (quoi ?) *les mains* → donc, pas d'accord ;
  - « soi ? » (transitif direct, donc accord) ou « à soi ? » (transitif indirect, donc pas d'accord).
  Par exemple :
  Nous nous sommes appelés → transitif direct : appeler quelqu'un et non « à quelqu'un », donc accord ;
  Nous nous sommes succédé → transitif indirect : « succéder **à** quelqu'un », donc pas d'accord.

ASTUCE : écrivez selon votre instinct et si vous avez un doute, commencez par remplacer par un verbe du 3e groupe, puis vérifiez, étape par étape, avec la règle ci-dessus.

---

30. Ce sont les données que j'ai crée ? crées ? créées ?

RÉPONSE : Ce sont les données que j'ai **créées**.

RÈGLE : le verbe « créer » vous donne du fil à retordre avec ces deux « e » ; il s'agit d'un verbe du 1er groupe, donc, pour le conjuguer, enlevez la terminaison –er, il reste le radical « cré » auquel vous ajoutez les terminaisons :

- **Je / il / elle / on crée** : verbe « créer » au présent de l'indicatif. 1re et 3e personnes du singulier, radical « cré » + terminaison « e » du présent. Par exemple : *elle crée votre dossier.*

- **Créé** : participe passé du verbe « créer » de base et/ou accordé au masculin singulier. Radical « cré » + « é » du participe passé. Par exemple : *le dossier a été créé ; j'ai créé un dossier.*

- **Créée** : participe passé du verbe « créer » accordé au féminin singulier. Radical « cré » + « é » du participe passé + « e » du féminin. Par exemple : *la proposition a été créée.*

- **Créées** : participe passé du verbe « créer » accordé au féminin pluriel. Radical « cré » + « é » du participe passé + « e » du féminin + « s » du pluriel. Par exemple : *les propositions ont été créées.*

ASTUCE : pas d'affolement ! Comptez vos « é » : nous aurons forcément le « é » du radical dans tous les cas auquel vous choisirez d'ajouter la terminaison qui convient en fonction de la construction de votre phrase.

---

31. Elle a des ennuis pécuniers ? pécuniaires ?

RÉPONSE : Elle a des ennuis pécuni**aires**.

RÈGLE : le mot « pécunier » n'existe pas, il s'agit d'un barbarisme.

Astuce : associez *pécuniaire* à un nom masculin pour vous en souvenir.

Exemple : *des ennuis pécuniaires.*

____

32. J'ai cru ? crû ? à ses histoires.

Réponse : J'ai **cru** à ses histoires.

Règle : *cru* est le participe passé du verbe *croire* alors que *crû* est celui du verbe *croître*.

Astuce : remplacer *cru* par *grandi* : si cela a du sens, il faudra que vous ajoutiez l'accent circonflexe.

Exemple : *cet arbre a crû (grandi) depuis la saison dernière.*

____

33. Le diagnostic ? diagnostique ? fait apparaître des défauts.

Réponse : Le diagnosti**c** fait apparaître des défauts.

Règle : *diagnostique* existe mais il s'agit du verbe *diagnostiquer* au présent de l'indicatif 1re et 3e personnes du singulier. À ne pas confondre avec le nom commun *diagnostic*.

Astuce : lorsque vous faites un diagnosti**c**, vous cherchez la cause… c'est une affaire de **c**.

____

34. Pour en savoir d'avantage ? davantage ?

Réponse : Pour en savoir **davantage**.

Règle : *davantage* est un adverbe ; il est donc invariable.

Astuce :

- remplacez *davantage* par *encore plus* : j'ai *davantage* (encore plus) de travail ;
- remplacez *d'avantage*(s) par *privilège*(s) : j'ai beaucoup *d'avantages* (de privilèges) dans cette entreprise.

35. Ce fut à mes dépens ? dépends ?

RÉPONSE : Ce fut à mes **dépens**.

RÈGLE : *dépens* est le nom commun dérivé du verbe *dépenser*.

ASTUCE : souvenez-vous du verbe « dépenser » et enlevez la terminaison *–er*. Le verbe « dépender » n'existant pas, vous n'avez aucune raison de mettre un *d* à *dépens*.

36. Vous me dites ? dîtes ? que les dossiers sont partis.

RÉPONSE : Vous me **dites** que les dossiers sont partis.

RÈGLE : forme particulière de conjugaison à la 2e personne du pluriel, valable pour *dire* et *redire* uniquement (donc, pas pour *prédire* → *prédisez*, par exemple). Avec l'accent circonflexe, le verbe *dire* est conjugué au passé simple.

ASTUCE : comme vous ne conjuguez que très rarement (voire jamais) au passé simple dans vos e-mails, 9,99999 fois sur dix, vous écrirez *dites* sans accent circonflexe (statistiques rassurantes !).

37. J'ai démarré ? débuté ? commencé ? mon exposé par l'essentiel.

RÉPONSE : J'ai **commencé** mon exposé par l'essentiel.

RÈGLE/ASTUCE :

- *commencer* : signifie « entamer la première étape d'une action » et peut être suivi d'un COD (comme dans l'exemple : *j'ai commencé quoi ? mon exposé*) ;
- *démarrer* : signifie littéralement « enlever les amarres » et, par extension, mettre un moteur en marche ; à réserver donc aux véhicules. Par exemple : *j'ai démarré la voiture* ;
- *débuter* : signifie « faire ses premiers pas » et ne peut être suivi d'un COD. Par exemple : *elle a débuté au cinéma en 1990.*

38. Je vous transmet ? transmets les informations demandées.

RÉPONSE : Je vous **transmets** les informations demandées.

RÈGLE : le verbe « transmettre » est un verbe du 3° groupe. À ce titre, lorsqu'il est conjugué au présent de l'indicatif aux 1re et 2e personnes du singulier, il doit se terminer par un « s ». Autre précision : le pronom COD « vous » dans cette phrase n'a évidemment aucune incidence sur l'accord du verbe.

ASTUCE : sur le même modèle, vous retrouverez les verbes mettre, permettre, remettre… même règle : **je/tu permets, je/tu mets, je/tu remets**… Si vous maîtrisez la conjugaison de l'un de ces verbes, vous savez faire pour tous les autres !

39. Par instructions expresses ? exprès ? express ?, il a eu la marche à suivre.

RÉPONSE : Par instructions **expresses**, il a eu la marche à suivre.

RÈGLE/ASTUCE : parfois adjectif, parfois adverbe, ce mot a trois orthographes différentes mais se prononce toujours de la même façon, ce qui ne vous facilite pas la tâche !

- *exprès/expresse(s)* – variable : lorsque l'on peut remplacer par « nettement exprimé, formel » (voir exemple ci-dessus) ;

- *(en) exprès* – invariable : lorsque l'on peut remplacer par « remis dans un délai court ». Par exemple : *envoyer une lettre en exprès* ;

- *express* – invariable : lorsque l'on peut remplacer par « rapide, à grande vitesse ». Par exemple : *un train express, un repas express.*

40. Il est exigeant ? exigent ?

RÉPONSE : Il est **exigeant**.

RÈGLE : *exigeant* est l'adjectif verbal du verbe *exiger* ; l'orthographe du nom commun *exigence* peut provoquer la confusion.

ASTUCE : « avoir des exigences c'est être exigeant » : le *a* de *avoir* est passé dans l'adjectif.

***

41. Et bien ? Eh bien ? vous vous êtes trompés !

RÉPONSE : **Eh bien**, vous vous êtes trompés !

RÈGLE : *Eh bien !* est une interjection, tout comme *Eh oui !* d'ailleurs.

ASTUCE : les interjections comportent généralement un *h*, comme *Ah, j'ai compris ! Oh les belles fleurs !*

***

42. Notre chiffre d'affaire ? d'affaires ? a augmenté.

RÉPONSE : Notre chiffre **d'affaires** a augmenté.

RÈGLE : tout comme « voyage d'affaires », « repas d'affaires », il s'agit bien, dans ce cas, de l'ensemble des affaires liées à une activité.

ASTUCE : disons qu'il est plus optimiste d'imaginer que le chiffre est le résultat de plusieurs affaires conclues !

***

43. Ce fut une affaire à fonds perdus ? fonds perdu ?

RÉPONSE : Ce fut une affaire à fonds **perdu**.

RÈGLE/ASTUCE : *fonds* peut se remplacer par *capital*, nom commun singulier, s'accordant avec *perdu* dans ce cas, toujours au singulier.

***

44. Vous satisfaites ? satisfaisez ? à ces exigences.

RÉPONSE : Vous **satisfaites** à ces exigences.

RÈGLE : le verbe *faire* et ses dérivés : *contrefaire, refaire, défaire, redéfaire, satisfaire et surfaire* se conjuguent sur le même modèle à tous les modes et tous les temps.

ASTUCE : il suffit de retenir la conjugaison de *faire* pour connaître celle de tous ses dérivés, surtout la forme très particulière de ce verbe à la 2ᵉ personne du pluriel : *vous faites, contrefaites, refaites, défaites, redéfaites, satisfaites et surfaites.*

___

45. Il prétent ? prétend ? occuper un poste de directeur.

RÉPONSE : Il **prétend** occuper un poste de directeur.

RÈGLE : ah ces verbes du 3ᵉ groupe ! Ils vous en font voir de toutes les couleurs ! Pour le verbe « prétendre », il s'agit d'un verbe en **–endre**, dont la terminaison est toujours « d » au lieu du « t » courant au présent de l'indicatif 3ᵉ personne du singulier.

ASTUCE : repérez un verbe en –endre dont vous maîtrisez bien la conjugaison et faites de même pour les autres. Il est quasi certain, par exemple, que vous n'écririez pas « il comprent » au lieu de « il comprend », alors…

___

46. Vous faîtes ? faites ? des erreurs.

RÉPONSE : Vous **faites** des erreurs.

RÈGLE : *faîtes* avec un accent circonflexe signifie *sommets* et n'existe pas dans la conjugaison de *faire.*

ASTUCE : tout comme le sommet, *faîte* comporte un accent en forme de cime.

___

47. J'ai commandé un ? une ? espèce de meuble.

RÉPONSE : J'ai commandé **une** espèce de meuble.

RÈGLE : « espèce » est un nom commun et, à ce titre, son genre ne varie pas, il reste toujours au féminin, même si le complément qui suit est au masculin (comme dans l'exemple). Il est souvent traité à tort comme un adjectif et donc, se trouve, toujours à tort, accordé avec ce qui suit.

ASTUCE : si « une espèce de camion » vous choque, choisissez un nom masculin comme « un genre de camion » et cela restera correct.

48. Je suis d'accord sur le premier point. Or ? hors ? je conteste le deuxième.

RÉPONSE : **Or** je conteste le deuxième.

RÈGLE/ASTUCE :

- *or* est une conjonction de coordination et peut se remplacer par *mais*, comme dans l'exemple ci-dessus. Liste des conjonctions de coordination : *mais ou et donc or ni car.* Cela vous rappelle-t-il quelque chose ?
- *hors* est une préposition et peut se remplacer par *hormis* ou *en dehors de* ou *excepté.* Par exemple : *hors jours fériés, tout le personnel est en poste à 8 heures.*

49. La taxe est inclue ? incluse ? dans le tarif annoncé.

RÉPONSE : La taxe est **incluse** dans le tarif annoncé.

RÈGLE : le participe passé du verbe inclure est « inclus » et donc au féminin, « incluse ».

ASTUCE : le « s » ne s'entend pas mais il est bien inclus ! Sur ce point, les Anglais ont moins de difficultés que nous avec leur « all inclusive » !

50. Je dois verser un acompte ? accompte ? pour cette réservation.

RÉPONSE : Je dois verser un **acompte** pour cette réservation.

RÈGLE : il est vrai que beaucoup de mots commençant par « a » doublent la consonne qui suit en français. Dans « acompte », retenez que le préfixe « a » est privatif pour exprimer le fait que

« le compte n'y est pas ». Et puisque privatif, vous comprenez que l'on ne fasse pas d'ajout de consonne.

Astuce : selon l'astuce de Bernard Fripiat[1] que j'apprécie beaucoup, quand on a versé un acompte on n'a pas envie d'en verser un deuxième !

___

51. Lorsqu'à ? Lorsque, à ? 15 heures, vous arriverez...

Réponse : **Lorsque**, à 15 heures, vous arriverez…

Règle : *lorsque* reste entier sauf devant *un(e), il(s), elle(s), on, en*.

Astuce : retenez une phrase dans laquelle *lorsque* reste entier et pensez à mettre une virgule après lorsqu'il ne s'élide pas, comme dans l'exemple ci-dessus.

___

52. Demandez des laisser-passer ? laissez-passer ? laissez-passez ?

Réponse : Demandez des **laissez-passer**.

Règle : lorsqu'un mot composé comporte deux verbes, il est invariable.

Exemple : *des savoir-faire, des faire-valoir.*

Astuce : si vous transposez ce mot composé dans une phrase, cela donne « laissez passer ces personnes ».

___

53. Même ? Mêmes ? les commerciaux sont concernés.

Réponse : **Même** les commerciaux sont concernés.

Règle / Astuce :

- **même** est adverbe donc **invariable** lorsqu'il a le sens de « **aussi** » (exemple : *même les oiseaux chantent*) ;

___

1. www.orthogaffe.com

- **même** est adjectif qualificatif donc variable en genre et en nombre lorsqu'il a le sens de **pareil / semblable** (exemple : *j'ai les mêmes dossiers que toi*) ;
- **même** est adjectif donc variable en genre et en nombre lorsqu'il a un sens de renforcement :
  - placé après un pronom, il lui est relié par un tiret (exemple : *il a fait ce travail lui-même*) ;
    - placé après un nom, il n'y a plus de tiret (exemple : *les commerciaux mêmes étaient convoqués*).

---

54. Elle n'est pas prêt ? prête ? près ? d'oublier.

RÉPONSE : Elle n'est pas **près** d'oublier.

RÈGLE :

- *près* est toujours suivi de *de* – peut se remplacer par *à côté de* ;
- *prêt(e)* est toujours suivi de *à* – peut se remplacer par *disposé à*.

ASTUCE : elle n'est pas prête *à* oublier, mais elle est loin (pas près !) d'oublier.

---

55. Je vous envois ? envoie ? ce document.

RÉPONSE : Je vous **envoie** ce document.

RÈGLE : il s'agit du verbe *envoyer*, 1er groupe dont la terminaison aux 1re et 3e personnes du singulier est toujours *e*. À ne pas confondre avec le nom commun, *envoi* qui lui prendrait tout au plus un *s* (*envois*) s'il était au pluriel.

ASTUCE : Si vous doutez, rapprochez *envoyer* du verbe *poster* qui lui se termine forcément par un *e* : *je vous poste/je vous envoie ce document*.

---

56. L'accord vous sera retourné de suite ? tout de suite ?

RÉPONSE : L'accord vous sera retourné **tout de suite**.

RÈGLE/ASTUCE :

- *tout de suite* signifie *immédiatement*, comme dans l'exemple ci-dessus ;
- *de suite* signifie *à la suite, consécutif.*

EXEMPLE : *la réunion a duré trois jours de suite* (consécutifs).

---

57. J'ai été ? je suis allé ? à **Paris**.

RÉPONSE : Je **suis allé** à Paris.

RÈGLE : on utilisera « je suis allé » lorsqu'il y a notion de mouvement et « j'ai été » pour désigner un état. En aucun cas, le verbe « être » ne peut être suivi d'un complément de lieu, sauf dans un langage familier qui n'a pas sa place dans vos écrits professionnels. Par exemple : *j'ai été fatigué* mais *je suis allé au cinéma.*

ASTUCE : commencez par être vigilant sur ce point à l'écrit et vous finirez pas ne plus faire la faute à l'oral, toujours dans l'objectif de soigner son langage en toutes circonstances.

---

58. Au vue ? au vu ? de ses qualités, nous l'embauchons.

RÉPONSE : **Au vu** de ses qualités, nous l'embauchons.

RÈGLE : *vu* dans une locution adverbiale est toujours au masculin singulier sauf dans *en vue de.*

EXEMPLE : *au vu de ses résultats/vu ses résultats/vu que ses résultats.*

ASTUCE : vous noterez que dans toutes les expressions dans lesquelles *vu* est invariable, c'est la conséquence qui est exprimée ; *en vue de* ayant un tout autre sens, celui de l'intention.

---

59. Je vous ai donné deux, voire ? voir ? trois conseils.

RÉPONSE : Je vous ai donné deux, **voire** trois conseils.

RÈGLE/ASTUCE :

- *voire* est un adverbe et peut se remplacer par *même* ;
- *voir* est un verbe du 3ᵉ groupe et peut se remplacer par *regarder*.

EXEMPLE : *j'ai pu voir (regarder) les résultats/j'ai eu trois voire (même) quatre occasions de le dire.*

---

60. Je leur ? leurs ? ai donné du travail.

RÉPONSE : Je **leur** ai donné du travail.

RÈGLE/ASTUCE :

- *leur* est pronom et donc invariable lorsqu'il peut se remplacer par **lui**, comme dans l'exemple ci-dessus ;
- *leur(s)* est adjectif possessif et donc variable, s'accordant au nom qu'il accompagne, s'il peut se remplacer par **ses**, **sa**, **son**.

EXEMPLE : *leurs (ses) dossiers étaient incomplets/j'ai validé leurs (ses) congés/j'ai acheté leur (son) entreprise.*

NB : suivant le sens, il faudra quelquefois laisser au singulier même si *leur* peut être remplacé par *ses*.

EXEMPLE : *la fatigue se voyait sur leur visage (ils n'ont qu'un visage chacun)/Ils ont rangé leur bureau (idem).*

Encore trois mots

Alors, comment vous sentez-vous ? Ce livre a-t-il répondu à vos questions ? Ne me répondez pas tout de suite, attendez un peu que je vous raconte ce qui suit.

Lorsque j'anime des formations, j'évalue l'état de mes participants à l'issue de chaque demi-journée en leur demandant de noter trois mots sur une feuille blanche, évoquant ce qu'ils ont retenu, autant du contenu que du vécu des heures écoulées.

Cet exercice a une double utilité.

« Ce qui était important pour lui »

Le fait de se remémorer les points clés de la demi-journée de formation favorise l'ancrage de l'apprentissage, et donne une indication précieuse sur les attentes fortes de chacun. En effet, le participant qui sera venu en formation pour apprendre comment structurer un document sera plus sensible au choix du plan logique qu'au vocabulaire ou à la structure des phrases. Et cela ressort justement dans ces trois mots : c'est ce qui était important pour lui.

Cela m'est utile, certes, mais l'est encore plus pour mes participants qui prennent conscience de leurs acquis au fur et à mesure de la formation.

« Trois choses positives par jour »

Les spécialistes de la psychologie positive recommandent de retenir au moins trois choses positives dans une journée pour rester optimiste et avoir du succès dans tout ce que l'on entreprend. De façon très étonnante, les trois mots prononcés par mes participants sont souvent des adjectifs – alors que je ne donne aucune consigne particulière sur la nature des trois mots que j'attends – et souvent des adjectifs positifs – alors qu'ils sont laissés tout à fait libres de leurs réponses.

Cela me fait plaisir, certes, mais me ravit encore plus pour eux car ils se mettent, au fil de la formation, dans un état de plus en plus positif, propice à un bon apprentissage et à un succès professionnel grandissant.

Voyez-vous maintenant où je veux en venir ? Oui ? Alors, prenez une feuille blanche et notez trois mots qui vous viennent à l'esprit à l'issue de la lecture de ce livre.

Puis lisez la suite (dans cet ordre-là, je compte sur vous !).

Puisque c'est vous et que vous avez joué le jeu, je vous livre des adjectifs et autres, prononcés par mes participants, et vous laisse le soin d'y retrouver les vôtres… peut-être : *valorisant, enthousiaste, concret, adapté, au-delà de mes attentes, riche, utile, gain de confiance en soi, simple à appliquer, bonne humeur, interactif, détendu, pratique, convivial, bonne surprise, trop court* (la formation, bien sûr !), *bonne révision, efficace, bons outils, gain en aisance, agréable* (travail en groupes), *échanges intéressants, méthode, bien rythmé, structuré…*

Je ne peux m'empêcher de terminer ce livre par une réflexion tout à fait originale, délivrée en fin de formation par Thierry.

À la question : « Donnez-moi vos trois mots pour évoquer ce que cette formation vous a apporté », Thierry m'a répondu : « Bof… Ah ?… OUI ! »

Traduction :

« Bof » : on m'a poussé à y aller, je n'ai pas très envie mais c'est toujours bon d'apprendre, alors je me force un peu et j'y vais.

« Ah ?… » : (à l'issue de la première demi-journée de formation) mais ce n'est pas mal du tout finalement, non seulement je vais rester mais je risque d'y prendre goût !

« OUI ! » : (à la fin de la formation) je n'ai pas vu le temps passer, je me suis délecté de tout, j'ai adoré, je n'ai pas envie que cela se termine.

Remerciements

MERCI BEAUCOUP À :

Mes participants : Lucien, Marc, Tantély, Colette, Dominique, Christiane, Benoît, Benjamin, Céline, Magali, Ludovic, Michel, Sylvie, Carole, Christiane, Viviane, Diane, Isabelle, Sabine, Stéphanie, Olivier, Laurence, Patrick, Morgan, Manuel, Annick, Saïda, Arnaud, Charlotte, Sandrine, Françoise, Patricia, Isabel, Jonathan, Cécile, Shadia, Jérémie, Guylène, Christine, Charles, Nathalie, Mathilde, Élodie, Fatima, Didier, Philippe, Thierry, Bernard, Taklit, Myriam, Catherine, Hubert, Mylène, Violaine, Anaïs, Soraya, Marie-Christine, Mireille, Marie-Hélène, Nicolas, Éléonore, Véronique, Maud, Dorothy, Paul, Sophie, Nicole, Gérard, Christian, Samira, Blandine, Alain, Claire, Miloud, Kadiata, Bédia, Pascale, Sylvain… La liste serait trop longue ! Merci à eux pour leur agréable présence.

Et à ma petite famille, pour son soutien précieux.

Index

Bibliographie

Boussuat Brigitte, Lefebvre Jean, *Former avec le Funny Learning*, Dunod, 2015.

Pourquoi ? J'adore ce livre ! Il est rempli de bonnes astuces de formateur et surtout, il est bien écrit. Ils m'ont inspiré « la fenêtre surgissante », traduction très réussie de « pop-up » quand on veut éviter les anglicismes !

Gilder Alfred, *Le Français administratif : écrire pour être lu*, Éditions Glyphe, 2009.

Pourquoi ? Il tord magnifiquement le cou aux expressions veillottes et ampoulées du jargon administratif.

Oury Pascaline, *Rédiger pour être lu*, De Boeck Université, 2000.

Pourquoi ? Son indice de Gunning, outil d'évaluation de lisibilité.

Renvoisé Patrick, Morin Christophe, *Neuromarketing : le nerf de la vente*, De Boeck, 2004.

Pourquoi ? Enfin un livre qui fait le lien entre les mots choisis et les effets produits sur le cerveau humain. Mariage réussi entre marketing et neurosciences.

www.orthogaffe.com : vous y retrouverez les saynètes humoristiques de Bernard Fripiat sur les règles d'orthographe et ses astuces légendaires.

Ceci n'est que la liste des ouvrages cités dans ce livre ; sachez que bien d'autres auteurs et intervenants m'ont inspirée et ont participé à enrichir cette synthèse !